TROBAIRITZ

TROBAIRITZ

Vozes femininas da poesia provençal

Organização, tradução e notas
Guilherme Gontijo Flores

Revisão da tradução
Ana Cláudia Romano Ribeiro

chão da feira

Traduzir a letra: transcantar a voz

Aqui estão 25 obras de vozes femininas do mundo provençal dos séculos XII e XIII, quase metade das 46 *cansos* que nos chegaram, se considerarmos algumas anônimas. A seleção buscou dar representatividade a todas as figuras autônomas da tradição, com o *corpus* quase completo delas, além de uma seleta de obras anônimas e de *tensos*. No caso dessas obras menos conhecidas, optei por traduzir sempre a que fosse mais peculiar, seja por fugir das normas mais esperadas da poética trovadoresca, ou do que encontramos entre as *trobairitz*, seja por uma avaliação pessoal de que ali acontecia algo poeticamente forte, que merecia recriação.

Devo ainda confessar: não sou medievalista, muito menos especialista em provençal, embora consiga ler com algum esforço essa língua que concentrou o mel da melopeia europeia por pelo menos dois séculos. Traduzo, portanto, em diálogo constante com outras traduções modernas referidas na bibliografia, sem qualquer pretensão de entrar nas discussões editoriais e filológicas ou nas minúcias exegéticas contemporâneas; faço aqui o trabalho da crítica tradutória e penso a poética como a forma política por excelência para dar vida ao que havia de mais vivo, embora me recuse a seguir as ideias de "melhor isso", "melhor aquilo", e me interesse mais por ver as variedades de um sistema aberto. Por isso, contento-me em dar, para além do texto bilíngue e de um Posfácio, uma brevíssima nota a cada uma dessas mulheres, com a tradução das *vidas* e *razos* que por acaso nos chegaram.

Lembre-se enfim que, numa tal poética da tradução, a escrita é um processo fundamental, de critério poético e de transmissão dos textos, mas não o único. A voz foi ponto de partida pra traduzir e revisar cada uma das peças aqui transcritas como rastro do poema cantável, para tentar recriar essa experiência. Demais observações, pontuações críticas e reflexivas sobre o percurso, critérios e referências destas traduções podem ser encontradas no Posfácio deste livro.

CANSOS

AR EM AL FREG TEMPS VENGUT

Ar em al freg temps vengut
que ·l gells e ·l neus e la faingna,
e ·l auçellet estan mut
c'us de chantar non s'afraigna;
e son sec li ram pels plais
que flors ni foilla no ·i nais
ni rossignols no i crida
que am s'en mai me reissida.

Tant ai lo cor deseubut
per qu'eu soi a toz estraigna,
e sai que l'om a perdut
molt plus tost que non gasaingna;
e s'ieu faill ab motz verais:
d'Aurenga me moc l'esglais,
per qu'eu m'estauc esbaida
e ·n pert solatz en partida.

Dompna met mot mal s'amor
que ab ric ome plaideia,
ab plus aut de vavasor,
e s'ill o fai il folleia,

JÁ CHEGOU O TEMPO FRIO

Já chegou o tempo frio
de lama e neve tamanha,
que o passarinho sem brio
nem pro seu cantar se assanha;
secam sebes com urzais,
flor e folha não há mais,
neste tempo já não trina
rouxinol que me alucina.

Trago o coração febril,
pois a todos sou estranha,
sei que perdem por um fio
mais veloz do que se ganha;
se o que eu falo for falaz,
vêm de Aurenga dores e ais
que me assolam nesta sina
sem consolo e tão mofina.

Faz a dama mal amor
se deseja um poderoso
por cima de um vavassor
e em loucura pede pouso:

car so diz om en Veillai
que ges per ricor non vai,
e dompna que n'es chauzida
en tenc per envilanida.

Amic ai de gran valor
que sobre toz seignoreia,
e non a cor trichador
vas me, que amor m'autreia.
Eu dic que m'amors l'eschai
e cel que dis que non fai,
Dieus li don mal'escarida,
qu'eu m'en teing fort per guerida.

Bels amics, de bon talan
son ab vos toz iorz en gatge,
cortez' e de bel semblan,
sol no ·m demandes outratge;
tost en veirem a l'assai
qu'en vostra merce ·m metrai;
vos m'aves la fe plevida
que no ·m demandes faillida.

A Dieu coman Belesgar
e plus la ciutat d'Aurenga
e Gloriet'e ·l caslar
e lo seignor de Proenza,
e tot cant vol mon ben lai
e l'arc on son fag l'assai;

em Velay já vi dizer
que amor não vai com poder,
e se a dama assim ensina
já não considero fina.

Meu amigo tem valor,
mais que todos grandioso;
não tem peito traidor,
pois me entrega amor honroso.
E eu darei o amor que quer,
mas se alguém me desdisser,
sofra a fúria mais divina,
que eu persistirei supina.

Lindo amigo, sem pensar,
eu serei a tua prenda,
tão cortês, lindo de olhar,
mas jamais, jamais me ofenda;
nesse teste já vai ver
como estou à tua mercê:
pois jurou que sem rapina
não me força esta oficina.

Que Deus guarde Belesgar
junto à cidade de Aurença,
e Gloriette e o solar
junto ao senhor de Provença,
e quem mais bem me quiser
e o arco do seu poder!

cellui perdiei c'a ma vida
en serai toz iorz marrida.

Ioglar que avetz cor gai
ves Narbona portatz lai
ma chanson a la fenida
lei cui iois e iovenz guida.

Perco a vida na ruína
e a tristeza me fulmina!

Meu feliz jogral, você
pra Narbona vai trazer
a canção que aqui termina
pra quem gozo e riso assina.

NA MARIA, PRETZ E FINA VALORS

Na Maria, pretz e fina valors,
e ·l gioi e ·l sen e la fina beutatz,
e l'acuglir e ·l pretz e las onors,
e ·l gent parlar e l'avinen solatz,
e la dous cara, la gaia cuendanza,
e ·l douz esgart e l'amoros semblan,
ce son en vos, don non avetz egansa,
me fan traire vas vos ses cor truan.

Per ce vos prec, si ·us platz, ce fin' amors
e gausiment et douz umilitatz
me puosca far ab vos tan de socors
ce mi donetz, bella domna, si ·us platz,
so don plus ai d'aver gioi esperansa;
car en vos ai mon cor e mon talan
e per vos ai tut so c'ai d'alegransa
e per vos vauc mantas ves sospiran.

E car beutas e valors vos onransa
sobra tutas, c'una no ·us es denan,
vos prec, se ·us platz, per so qe ·us es onransa,
qe non ametz entendidor truan.

DONA MARIA, ESSE FINO VALOR

Dona Maria, esse fino valor,
o gozo, o senso e a fina feição,
a acolhida, a virtude, o grande honor,
a fala nobre, a mor predileção,
a doce face, o jeito sorridente,
o doce olhar e a amorosa mercê
que você tem não têm sequer parente:
levam meu coração até você.

Eu peço então que deixe o fino amor,
o sorriso e a doce submissão
me concederem seu maior favor,
para que então me dê, senhora, a ação
do gozo que eu espero ansiosamente;
pois em você está meu cor e ser,
vem de você a alegria da mente,
e por você vou arfar e sofrer.

Há feição e valor que te sustente
acima, e ninguém pode te vencer;
te peço então (e que isso te ornamente):
não ame nunca um falso bem-querer.

Bella dompna, cui pretz e gioi enansa,
e gent parlar, a vos mas coblas man,
car en vos es saess' e alegransa
et tot lo ben c'om en dona deman.

Dama gentil de gozo e preço ingente,
nobre que em versos quero remeter,
você tem toda a alegria da mente,
o dom que amam na dama é teu mister.

AMICS, S'IE·US TROBES AVINEN

Amics, s'ie ·us trobes avinen,
humil e franc e de bona merce,
be ·us amera — quand era m'en sove
que ·us trob vas mi mal e fellon e tric
e fauc chanssos per tal q'eu fass'auzir
vostre bon pretz; don eu no ·m puosc sofrir
que no ·us fassa lauzar a tota gen,
on plus mi faitz mal et adiramen.

Iamais no ·us tenrai per valen
ni ·us amarai de bon cor e de fe
tro que veirai si ia ·m valria re
si ·us mostrava cor fellon ni enic;
non farai ia, car no vuoil puscatz dir
q'ieu anc vas vos agues cor de faillir,
c'auriatz pois calque razonamen
s'ieu fazia vas vos nuill falimen.

Eu sai ben c'a mi estai gen,
si be ·is dizon tuich que mout descove
que dompna prei a cavallier de se
ni que ·l teigna totz temps tan lonc pressic;

AMIGO, SE ME FOSSE UM BEM

Amigo, se me fosse um bem,
humilde, franco e de boa mercê,
te amaria, mas lembro que você
comigo é sempre duro, falso e ruim;
faço canções pra todo mundo ouvir
o teu valor, e não posso engolir
se vejo quando não te louva alguém,
sofrendo o mal que só você me tem.

Pra mim você não é ninguém,
nem te amarei com todo cor e ser,
até que um dia possa me valer
te pagar o mais falso que há em mim;
mas não agora, não vou permitir
você dizer que um dia te traí:
pois você me faria de refém
no argumento pra dar-me teu rebém.

Eu sei bem como a mim convém,
mesmo que digam que não pode ser
que ao cavaleiro corteje a mulher
ou que lhe mande discursos sem fim;

mas cel q'o ditz non sap ges ben gauzir
q'ieu vuoill proar enans qe ·m lais morir
q'e ·l preiar ai un gran revenimen
qan prec cellui don ai greu pessamen.

Assatz es fols qui m'en repren
de vos amar, pois tant gen mi conve,
e cel q'o ditz non sap cum s'es de me,
ni no ·us vei ges aras si cum vos vic,
qan me dissetz que non agues cossir
que calc'ora poiri'endevenir
que n'auria enqueras gauzimen,
de sol lo dich n'ai eu lo cor gauzen.

Tot'autr'amor teing a nien,
e sapchatz ben que mais iois no ·m soste
mas lo vostre que m'alegr'e ·m reve,
on mais en sent d'afan e de destric;
e ·m cuig ades alegrar e gauzir
de vos, Amics, q'ieu non puosc convertir,
ni ioi non ai, ni socors non aten
mas sol aitant qan n'aurai en dormen.

Oimais non sai qe ·us mi presen,
que cercat ai et ab mal et ab be
vostre dur cor don lo mieus no ·is recre,
e no ·us o man q'ieu mezeussa ·us o dic
qu'enoia me si no ·m voletz gauzir

mas quem diz isso não goza a sorrir,
e mostrarei, antes de sucumbir,
que o que mais certamente me mantém
é rogar por quem só me dá desdém.

Sei que louco seria quem
critica meu amor, meu mor prazer:
se diz isso, é por não me conhecer.
Não venho pra você como antes vim
ouvindo para nunca me afligir,
pois qualquer hora poderia vir
de volta o velho gozo que sustém:
gozei com tais palavras num amém.

Outro amor não vale um vintém,
e saiba bem que gozo eu não vou ter
além do teu, que me faz renascer,
até quando de mim me desavim;
e hoje só penso em gozar e sorrir,
nisso não posso de mim dissentir,
se nenhum gozo agora em mim se atém,
e só me alegro quando o sono vem.

Perdida estou no vai-e-vem
do mal e bem que já tentei fazer
ao duro peito em que inda teimo em crer;
sem mensageiros, eu te digo assim:
se não anseia gozar e sorrir

de calque ioi, e si ·m laissatz morir
faretz pechat, e serai n'en tormen
e seretz ne blasmatz vilanamen.

por dar-me gozo e deixa sucumbir,
por teu pecado eu sofro aqui, aquém,
e você, as censuras que convêm.

IA DE CHANTAR NON DEGR'AVER TALAN

Ia de chantar non degr'aver talan
car on mais chan
e pieitz me vai d'amor,
que plaing e plor
fant en mi lor estatge;
car en mala mercê
ai mes mon cor e me,
e s'en breu no ·m rete,
trop ai faich lonc badatge.

Ai! Bels Amics, sivals un bel semblan
mi faitz enan
q'ieu muoira de dolor,
qe l'amador
vos tenon per salvatge,
car ioia no ·m ave
de vos, don no ·m recre
d' amar per bona fe
totz temps, ses cor volatge.

Mas ia vas vos non aurai cor truan
ni plen d'engan,
si tot vos n'ai peior,
c'a grand honor
m'o teing en mon coratge;
anz pens qan mi sove
del ric pretz qe ·us mante

JÁ NEM DEVIA MAIS BUSCAR CANÇÃO

Já nem devia mais buscar canção,
se canto em vão,
só peno mal de amor,
e pranto e dor
me fazem de estalagem;
eu pus em má mercê
meu coração, meu ser,
se não me interromper,
será longa a viagem.

Meu lindo amigo, mostre com paixão
linda feição
antes que eu morra, horror;
todo amador
vai te julgar selvagem,
pois gozo com você
eu nunca tenho, até
te amando em boa fé
sem mudar de paragem.

Não te darei um falso coração
de enganação,
nem mesmo na pior:
honra maior
no cor me dá coragem,
se passo a reviver
o bem do teu poder,

e sai ben qe ·us cove
dompna d'aussor paratge.

Despois vos vi, fui al vostre coman
    et anc per tan,
Amics, no ·us n'aic meillor;
que preiador
no ·m mandetz ni messatge;
que ia ·m viretz lo fre,
Amics, non fassatz re!
Car iois no mi soste,
a pauc de dol non ratge.

Si pro ·i agues, be ·us membri'en chantan
    q'aic vostre gan
q'enbliei ab gran temor;
    puois aic paor
qe i aguessetz dampnatge
d'aicella qe ·us rete,
Amics, per q'ieu desse
lo tornei, car ben cre
q'eu non ai poderatge.

Dels cavalliers conosc que i fant lor dan,
    car ia preian
dompnas plus q'ellas lor,
    c'autra ricor
no ·i ant ni seignoratge;
que pois dompna s'ave

por você merecer
dama de mor linhagem.

Quando eu te vi, caí na submissão,
sem gratidão,
amigo, em teu favor;
nem rogador
mandou, sequer mensagem;
nem quer pra mim volver,
amigo, nem me ver,
sem gozo a me suster
na fúria da voragem.

Se eu louvasse tua luva em minha mão,
recordação,
tomada com temor…
Tive pavor
que fosse vilanagem
de quem tão bem te quer,
amigo, e a devolver
parti, por bem saber:
não posso tal pilhagem.

Os cavaleiros tramam perdição
quando não dão
à dama igual penhor,
sem ter valor
maior e senhoriagem;
pois se alguma mulher

d'amar, preiar deu be
cavallier, s'en lui ve
proeza e vassalatge.

Dompna Na Mieils, ancse
am so don mal mi ve,
car cel qui pretz mante
a vas mi cor volatge.

Bels Noms, ges no ·m recre
de vos amar iasse
car viu en bona fe,
bontatz e bon coratge.

quer amar, é mister
rogar, se nele vê
proeza e vassalagem.

Dona Melhor, meu ser
ama quem mal me quer:
meu homem de poder
só muda de paragem.

Bel-Nome, sem ceder
meu amor por você,
eu vivo em boa fé
neste cor de coragem.

MOUT AVETZ FAICH LONC ESTATGE

Mout avetz faich lonc estatge,
Amics, pois de mi ·us partitz,
et es mi greu e salvatge,
car me iuretz e ·m plevitz
que als iorns de vostra vida
non acsetz dompna mas me;
e si d'autra vos perte
m'avetz morta e trahida,
c'avi' en vos m'esperanssa
que m'amassetz ses doptanssa.

Bels Amics, de fin coratge
vos amei puois m'abellitz,
e sai que fatz hi follatge,
que plus m'en etz escaritz
c'anc non fis vas vos ganchida;
e si ·m fasetz mal per be,
be ·us am e no m'en recre;
mas tant m'a amors sazida
qu'eu non cre que benananssa
puosca aver ses vostr'amanssa.

Mout aurai mes mal usatge
a las autras amairitz,
c'om sol trametre messatge
e motz triatz e chausitz,
et eu tenc me per garida,

COMO FOI LONGA A VIAGEM

Como foi longa a viagem,
meu amigo que partiu,
eu sofro um luto selvagem,
pois você me garantiu
que por toda a tua vida
só existiria eu;
se com outra se esqueceu,
estarei morta e traída,
pois eu tinha uma esperança
neste amor sem esquivança.

Lindo amigo, com coragem
teu amor cá me invadiu
e bem sei que foi voragem,
pois você já me feriu
mais do que eu te fui infida;
e se o meu mal é teu mel,
bem amo a bom grado meu;
mas o amor me põe na lida,
e nem sonho que a bonança
possa vir de quem me amansa.

Mostro a pior abordagem
se uma amante assim me viu:
o homem nos mandou mensagem
como bem a preferiu.
Eu me curei da ferida:

Amics, a la mia fe,
qan vos prec, c'aissi ·m cove;
qe ·l plus pros n'es enriquida
s'a de vos calc'aondanssa
de baisar o d'acoindanssa.

Mal ai'eu, s'anc cor volatge
vos aic ni ·us fui camiairitz,
ni drutz de negun paratge
per mi non fo encobitz;
anz sui pensiv'e marrida
car de m'amor no ·us sove,
e si de vos iois no ·m ve,
tost mi trobaretz fenida;
car per pauc de malananssa
mor dompna s'om tot no ·il lanssa.

Tot lo maltraich e ·l dampnatge
que per vos m'es escaritz
vos grazir fan mos lignatge
e sobre totz mos maritz.
E s'anc fetz vas mi faillida
perdon la ·us per bona fe,
e prec [que veignaz a me
despueis] que auretz auzida
ma chansson qe ·us fai fianssa,
sai trobetz bella semblanssa.

posso jurar pelo céu
que esta prece não é véu;
a mais nobre é enriquecida,
se puder com abastança
te dar beijo em vasta dança.

Se mudei minha roupagem,
peço a punição mais vil:
pois ninguém de outra paragem
ganha meu ardor servil;
vou cismada e entristecida
pois teu amor se perdeu,
se não tenho um gozo teu,
vai me trovar fenecida:
morre a dama sem fiança,
se não ganha a contradança.

Por vacilo e vassalagem
com que você me oprimiu,
grata está minha linhagem:
meu marido até sorriu.
Se me deixa deprimida
te perdoo, pelo céu;
mas [venha ver o que é teu,
uma vez] que for ouvida
esta canção que afiança
te trovar com confiança.

PER IOI QUE D'AMOR M'AVEGNA

Per ioi que d'amor m'avegna
no.m calgr'ogan esbaudir,
qu'eu non cre qu'en grat me tegna
cel c'anc non volc hobesir
mos bos motz ni mas chansos;
ni anc no fon lasaz sos
qu'ie ·m pogues de lui sofrir,
ans tem que ·m n'er a morir
[pos vei] c'ab tal autra regna
don per mi no ·s vol partir.

Partir m'en er, mas no ·m degna,
que morta m'an li consir;
e pos no ·ill platz que ·m retegna
vueilla ·m d'aitant hobesir
c'ab sos avinenz respos
me tegna mon cor ioios;
e ia a sidonz non tir
s'ie ·l fas d'aitan enardir
qu'ieu no ·l prec per mi que ·s tegna
de leis amar ni servir.

Leis serva mas mi ·n revegna
que no ·m lais del tot morir
[si m'angoissa] que m'estegna
s'amors don me fa languir.
Hai! Amics, valenz e bos,

MESMO QUE UM GOZO O AMOR VENHA

Mesmo que um gozo o amor venha
me dar, eu não vou fruir,
se ele por mim não se empenha,
nem obedece ao me ouvir
as palavras e canções;
se ninguém enlaça os sons
pra da dor me redimir,
sinto que vou sucumbir:
noutra casa é que ele lenha,
e por mim não quer partir.

Partirei, pois me desdenha,
e estou morta de carpir;
nada faz que me retenha,
nem obedeça ao ouvir,
pra que em gozo os corações
tenham charmosos refrões;
nem queira a amante renhir
se eu o desejo impelir,
pois não peço que se abstenha
de a amar e lhe servir.

Sirva então e a mim revenha,
não me deixe sucumbir;
eu receio entrar na brenha
deste amor que faz languir.
Amigo, em bravas ações,

car es lo meiller c'anc fos,
non vuillaz c'aillors me vir,
mas no ·m volez far ni dir
con eu ia iorn me captegna
de vos amar ni grasir.

Grasisc vos con que m'en pregna
tot lo maltrag e ·l consir,
e ia cavaliers no ·s fegna
de mi, c'un sol non desir,
Bels Amics, si faz fort vos,
on tenc los oilz ambedos;
e plaz me can vos remir,
c'anc tan bel non sai chausir.
Dieus, prec c'ab mos bratz vos segna
c'autre no ·m pot enriquir.

Rica soi ab que ·us suvegna
com pogues en luec venir
on eu vos bais e ·us estregna
c'ab aitan pot revenir
mos cors, quez es enveios
de vos mout e cobeitos;
Amics, no ·m laissatz morir,
pueis de vos no ·m puesc gandir
un bel semblan que ·m revegna
fatz, que m'ausira ·l consir.

o maior dos homens bons,
não me permita evadir!
Jamais pense em me pedir
algo que ao fim me detenha
de te amar e te aplaudir.

Eu aplaudo o que provenha
da tortura a me carpir;
não deixo que me entretenha
nobre que eu não consentir,
meu lindo, iguais aos teus tons,
olhos meus em servidões,
porque adoro te medir:
um mais lindo eu nunca vi.
Que no abraço eu te retenha:
ninguém enriquece-me.

Rica sim, se a esta penha
você lembra como vir,
pra que em beijos te contenha;
e assim possa ressurgir
meu coração com paixões
conclamando em orações.
Não me deixe sucumbir
pois não posso me eximir:
com rosto lindo revenha
pra dar fim ao meu carpir.

EN GREU ESMAY ET EN GREU PESSAMEN

En greu esmay et en greu pessamen
an mes mon cor et en granda error
li lauzengier e ·l fals devinador,
abayssador de ioy e de ioven,
qar vos q'eu am mais que res qu'el mon sia
an fait de me departir e lonhar,
si q'ieu no ·us puesc vezer ni remirar,
don muer de dol, d'ira e de feunia.

Selh que ·m blasma vostr'amor ni ·m defen
no podon far en re mon cor mellor,
ni ·l dous dezir qu'ieu ai de vos maior
ni l'enveya ni ·l dezir ni ·l talen,
e non es hom — tan mos enemicx sia —
si ·l n'aug dir ben, que no ·l tenha en car,
e, si ·n ditz mal, mais no ·m pot dir ni far
neguna re que a plazer me sia.

Ia no ·us donetz, belhs amicx, espaven
que ia ves vos aia cor trichador,
ni qu'ie ·us camge per nul autr'amador
si ·m pregavon d'autras donas un cen;
qu'amors que ·m te per vos en sa bailia

EM GRANDE LUTO E EM GRANDE INQUIETAÇÃO

Em grande luto e em grande inquietação
lançou meu coração e em grande error
o mentiroso e mau caluniador
que arrasa gozo e viço em danação.
Você, que eu amo mais que a todo intento,
por eles decidiu me abandonar,
então não posso mais te contemplar:
morro de dor, de raiva e de tormento.

Quem zombar e impedir minha paixão
em nada faz meu coração melhor,
nem fará meu desejo inda maior,
nem o desejo, a ânsia, a atração;
homem não há, por mais que virulento,
que eu não estime, se ele te louvar;
se difamar, mais nada pode dar,
nada dizer, que me trará contento.

Não tenha medo, amigo, ou aflição:
não darei coração enganador;
nem trocarei o teu por outro cor,
mesmo com mil senhoras na intenção;
amor manda dispor meu cor pro alento

vol que mon cor vos estuy e vos gar,
e farai o; e s'ieu pogues emblar
mon cors, tals l'a que iamais non l'auria.

Amicx, tan ai d'ira e de feunia
quar no vos vey, que quant yeu cug chantar
planh e sospir, per qu'ieu no puesc so far
a mas coblas que ·l cors complir volria.

e a guarda justa dentro do teu lar;
e assim farei, se posso resguardar
meu corpo de quem hoje é dono atento.

Amigo, eu sofro de ira e de tormento,
se não te vejo; e se tento cantar,
choro e suspiro, nem sei versejar
sanando o coração em desalento.

AB IOI ET AB IOVEN M'APAIS

Ab ioi et ab ioven m'apais
e iois e iovens m'apaia,
que mos amics es lo plus gais
per qu'ieu sui coindet'e gaia;
e pois eu li sui veraia,
be ·is taing q'el me sia verais,
c'anc de lui amar no m'estrais
ni ai cor que m'en estraia.

Mout mi plai car sai que val mais
sel q'ieu plus desir que m'aia,
e cel que primiers lo m'atrais
Dieu prec que gran ioi l'atraia;
e qui que mal l'en retraia,
no ·l creza, fors so qu'ie ·l retrais:
c'om cuoill maintas vetz los balais
ab q'el mezeis se balaia.

E dompna q'en bon pretz s'enten
deu ben pausar s'entendenssa
en un pro cavallier valen,
pois ill conois sa valenssa,

O GOZO E VIÇO ME ALENTOU

O gozo e viço me alentou
    em gozo e viço alentada;
se meu amigo se alegrou,
    nisso me sinto alegrada;
    dei-lhe a verdade contada,
e só verdades me contou:
meu coração não se afastou,
    nunca serei afastada.

Que bom saber que mais se honrou
    quem pode me ter honrada,
ah, que o primeiro que tocou
    siga na alegre tocada!
    Se não falei, vale nada
se dizem que no mal nadou;
pois quem por tanto ferroou
    também sente a ferroada.

Dama que preza o bom valor,
    que pouse bem a valência
num cavaleiro de vigor
    que veja a sua vigência,

que l'aus amar a presenssa;
que domna, pois am'a presen,
ia pois li pro ni ·ll avinen
no ·n dirant mas avinenssa.

Q'ieu n'ai chausit un pro e gen
per cui pretz meillur'e genssa,
larc et adreig e conoissen,
on es sens e conoissenssa;
prec li que m'aia crezenssa,
ni hom no ·il puosca far crezen
q'ieu fassa vas lui faillimen,
sol non trob en lui faillensa.

Floris, la vostra valensa
sabon li pro e li valen,
per q'ieu vos qier de mantenen,
si ·us plai, vostra mantenensa.

e o ame cheia de ardência,
pois se ela o ama com ardor,
até quem tem maior pudor
só vai lhe honrar a impudência.

Eu escolhi quem tem decor
prezado pela decência,
sensato de juízo em flor,
bom senso na florescência,
que ele mantenha a credência
e nunca vire mau credor,
dizendo que eu lhe dera dor
por dolos ou indolência.

Floris, à sua valência
só louvará quem tem valor,
te peço por esse teor
ter proteção com tenência.

A CHANTAR M'ER DE SO Q'IEU NO VOLRIA

A chantar m'er de so qu'ieu no volria,
tant me rancur de lui cui sui amia
car eu l'am mais que nuilla ren que sia;
vas lui no ·m val merces ni cortesia,
ni ma beltatz, ni mos pretz, ni mos sens,
c'atressi ·m sui enganad'e trahia
cum degr'esser, s'eu fos dezavinens.

D'aisso ·m conort car anc non fi faillenssa,
Amics, vas vos per nuilla captenenssa,
anz vos am mais non fetz Seguis Valenssa,
e platz mi mout qez eu d'amar vos venssa,
lo mieus amics, car etz lo plus valens;
mi faitz orguoill en digz et en parvenssa,
et si etz francs vas totas autras gens.

Be ·m meravill cum vostre cors s'orguoilla,
Amics, vas me, per q'ai razon q' ie ·m duoilla;
non es ges dreitz c'autr'amors vos mi toilla,
per nuilla ren que ·us diga ni acuoilla;
e membre vos cals fo ·l comensamens
de nostr'amor, ia Dompnidieus non vuoilla
q'en ma colpa sia ·l departimens.

Proesa grans q'el vostre cors s'aizina
e lo rics pretz q'avetz m'en atayna,

VOU CANTAR TUDO QUE EU NÃO GOSTARIA

Vou cantar tudo que eu não gostaria,
pois meu amigo só me contraria,
e eu o amo mais que toda a poesia;
mas ele não vê charme ou cortesia
no meu valor, beleza e dons também;
pois tanto me enganava e me traía
que eu merecia, se deixei meu bem.

Venha me dar conforto e tua presença,
amigo, pois eu nunca fiz ofensa:
te amo mais que Seguis amou Valença
e adoro que de amor eu mais te vença,
amigo mais valente que me tem
tratado com orgulho e malquerença,
e enquanto adoça as outras, sou ninguém.

Me assombro se o teu coração se orgulha
comigo, amigo, e isso mais me embrulha:
injusto é que me roubem tua fagulha
promessa tanta até que te debulha;
pois já não é recente (lembre bem!)
o nosso amor. E que eu não seja a pulha
a definhar o amor que vinha além.

O vigor que em teu peito aí se aninha
com teu valor assim me desalinha,

c'una non sai loindana ni vezina,
si vol amar, vas vos no si'aclina;
mas vos, Amics, etz ben tant conoisens
que ben devetz conoisser la plus fina,
e membre vos de nostres covinens.

Valer mi deu mos pretz e mos paratges
e ma beutatz e plus mos fins coratges,
per q'ieu vos mand lai on es vostr'estatges
esta chanson que me sia messatges;
e vuoill saber, lo mieus bels amics gens,
per que vos m'etz tant fers ni tant salvatges,
no sai si s'es orguoills o mal talens.

Mais aitan plus vuoill li digas, messatges,
q'en trop d'orguoill an gran dan maintas gens.

não vi mulher distante ou mais vizinha
que quer o teu amor e não definha;
amigo meu, você bem sabe quem
de todas é mais fina e mais certinha,
e pense em nosso pacto sem porém.

Tenho valor por honra e por linhagem,
pela beleza e por maior coragem;
por isso, envio até tua paragem
esta canção que serve de mensagem;
pergunto, belo amigo e palafrém,
por que você comigo é tão selvagem,
com tanto orgulho em todo teu desdém.

Mas pode lhe dizer, minha mensagem,
que muito orgulho é mágoa para alguém.

ESTAT AI EN GREU COSSIRIER

Estat ai en greu cossirier
per un cavallier q' ai agut,
e vuoill sia totz temps saubut
cum eu l'ai amat a sobrier;
    ara vei q'ieu sui trahida
car eu non li donei m'amor.
don ai estat en gran error
    en lieig e qand sui vestida.

Ben volria mon cavallier
tener un ser e mos bratz nut,
q'el s'en tengra per ereubut
sol q'a lui fezes cosseiller
    car plus m'en sui abellida
no fetz Floris de Blachaflor
eu l'autre mon cor e m'amor
    mon sen, mos huoills e ma vida.

Bels Amics, avinens e bos,
cora ·us tenrai e mon poder,
e que iagues ab vos un ser,
e qe ·us des un bais amoros?
    Sapchatz, gran talan n'auria
qe ·us tengues en luoc del marit,
ab so que m'aguessetz plevit
    de far tot so qu'eu volria.

TENHO SOFRIDO UMA AFLIÇÃO

Tenho sofrido uma aflição
por cavaleiro que passou,
quero que saiba como estou
atribulada de paixão;
    hoje sei que fui traída
porque não dava o meu amor;
foi, sim, meu erro e meu pudor
    deitar na cama vestida.

Queria ter ao rés do chão
o cavaleiro ainda nu,
ou que ele achasse céu azul
ser travesseiro e ser colchão;
    estou mais enlouquecida
do que Floris por Brancaflor:
eu dei meu peito e meu amor,
    dei meu senso, olhar e vida.

Meu belo amigo encantador,
quando você será só meu,
deitados na noite e no breu
pra dar os beijos deste amor?
    Já sabe que eu amaria
trocar marido por você
e só precisa prometer
    tudo dar que eu gostaria.

FIN IOI ME DON'ALEGRANSA

Fin ioi me don'alegransa
per qu'eu chan plus gaiamen,
e no mo teing a pensanssa
ni a negun penssamen
car sai que son a mon dan
li fals lausengier truan,
e lor mals diz non m'esglaia,
anz en son dos tanz plus gaia.

En mi non an ges fianssa
li lauzengier mal dizen
c'om non pot aver honranssa
qu'a ab els acordamen,
qu'ist son d'altrestal semblan
com la nivol que s'espan
qe ·l solels en pert sa raia
per qu'eu non am gent savaia.

E vos, gelos mal parlan,
no ·s cuges que m'an tarçan
que iois e iovenz no ·m plaia,
per tal que dols vos deschaia.

GOZO TRAZ MINHA ALEGRIA

Gozo traz minha alegria:
eu canto assim mais feliz,
e não me causa agonia
nem vou sofrer por um triz
pois sei que me atacarão
só traidor e truão:
pouco me atinge esse dente,
sinto-me até mais contente.

Eu nunca confiaria
num traidor infeliz:
jamais recebe honraria
quem com traíras condiz;
parecem aqui do chão
quando há na nuvem trovão,
e o sol não passa na frente:
porque eu detesto o indecente.

Vocês, de inveja na mão,
saibam: não me deixarão
o gozo e viço presente:
vem a vingança inclemente.

TANZ SALUTZ ET TANTAS AMORS

Tanz salutz et tantas amors,
et tanz bens et tantas honors,
e tantas finas amistaz,
e tanz gauz com vos volriaz,
et tanz ris et tant d' alegrier,
vos tramet N'Azalais d'Altier,
a vos, donna, cui ilh volria
mais vezer qe ren q'el mon sia;
qe tant n'ai auzit de ben dire
a ceilh qe ·us es hom et servire,
qe per lo ben qu'el me n'a dich
ai tant inz en mon cor escrich
vostre senblant, que, si ·us vezia,
entre milh vos conoisseria;
e dic vos ben aitan en ver
qez anc donna, senes vezer,
non amei tan d'amor coral;
e dic vos ben, si Deus mi sal,
quez el mon non es nulla res
q'eu penses qez a vos plagues
qes eu non fezes volentiera
senes mant e senes priguiera.
Ez ai, donna, trop gran desire

TANTO BOM DIA E TANTO AMOR

Tanto bom dia e tanto amor,
tanto benfeito e tanto honor
e tantas finas amizades
e o gozo de todas vontades,
tanto riso e tanto prazer
hoje envia Azalais d'Altier,
para a dama que ela queria
ver mais que tudo que haveria;
sempre ouvi falar o melhor
pelo homem posto ao teu dispor,
e tanto bem me tinha dito
que pus no coração inscrito
teu rosto, e se te visse um dia
em mil, te reconheceria;
e acho que posso te dizer
que nunca amei uma mulher
sem vê-la, assim de coração,
e digo, Deus tem compaixão,
que não existe neste mundo
(se te der contento profundo)
o que eu não faço de bom grado
assim que ouvir o teu chamado.
Senhora, o meu maior desejo

quez eu vos vis, e ·us pogues dire
tot mon cor e tot mon voler
e pogues lo vostre saber.
Aras, donna, es enaissi:
l'autre iorn s'en venc zai a mi
lo vostr'amicx tristz e marritz
com hom enchausatz e faiditz;
e dis mi q'en ditz ez en faitz
es vas vos mespres e forfaitz,
segon, donna, qe vos dizes;
q'eu non cuidera q'el disses
ni q'elh, a nuilh iorn de sa vida,
fazes vas vos [nuilha falhida,
mas qe vos] am'e ·us obezis,
mais que nuilla ren qu'elh anc vis.
Pero, donna, si vos cuidatz
q'eu n'aia mais, ben es vertatz,
qe vos aves ben tan de sen,
de valor e d'ensengnamen,
qe si lo tortz granz no i fos,
ja no ·ilh trobaras occaisos
per qe ·l feses de vos partir,
ni aissi desirant languir;
ni non podes ies per raizon
azirar lui per l'ucaison
q'eu sai, ez elh e vos sabes.
Pero, s'auzire lo voles,
vostra er la perda e ·l danz;
et pois per totz los finz amanz

é de te ver, pra nesse ensejo
contar meu coração e anseio,
e ouvir o que tiver no seio.
Minha senhora, é bem assim:
dia desses passou por mim
o teu amigo triste e aflito,
qual fosse caçado e proscrito,
e disse que em ditos e feitos
expôs você aos seus defeitos,
segundo o que você lhe disse;
não pude crer no que ele disse,
nem que ele ousasse nesta vida
deixar você assim traída,
mas só te adora e te obedece
como ninguém na terra cresce.
Mas, senhora, se você pensa
que eu saiba mais que te compensa,
você de fato é tão esperta,
tão culta, valorosa, alerta,
que se ele não fizesse um mal
você não veria sinal
para afastá-lo de você,
depois fazê-lo enlanguescer;
nem poderia achar motivo
para votar esse ódio vivo,
e nós sabemos do que falo.
Mas se você quiser matá-lo,
será com perda exorbitante,
pois para todo fino amante

devres en esser meinz prezada
per totz temps ez uchaisonada.
Ez aquilh qe non o sabran
cuidaran si qe per talan
d'autrui amar vos l'azires
e de vos amar lo lunges,
ez intrares in folla bruda,
si ez per canzairitz tenguda;
q'esqern fai de si mal retraire
Brizeida, qar ilh fo cangiaire
sos cors, qar laiset Troilus
per amar lo fil Tideus.
Autressi ·us er en mal retrach
si ·us partes de lui sens forfach.
Qe ·us vol e ·us desira e ·us ama
tant q'en moren n'art e n'aflama;
e s'autra donna l'agues mort
eu cuidera qe molt gran tort
vos agues fait, si m'aiut Dieus,
qar ell es miellz vostre qe sieus.

E s'el, donna, per sobramar
vos vez de ren vostre pesar,
Amors o fez, e non gens elh,
per qez eu conosc be qez elh
non deu perdre vostra paria
ni l'amor qe de vos avia.
Ni nulla donna non es bona,
pois q'estra ni tol zo que dona.

você será menos prezada
e eternamente censurada.
Quem não conhece a tua história
já vai pensar que por inglória
paixão alheia é que o deixou
e do desejo debandou,
no meio da fofoca insana
vão te acusar de leviana;
falso rumor arruinou
Briseida, que alevianou
seu coração e decidida
trocou seu Troilo por Tidida.
Você também será xingada
se vai deixá-lo assim, por nada.
Pois ele te deseja e te ama,
tanto que arde, morre, se inflama;
e se outra for dar cabo dele,
vai arrancar a tua pele
(e nisso peço ajuda a Deus),
pois ele é bem mais teu que seu.

Senhora, se por sobreamar
ele causou o teu penar,
culpa é do amor, e não do amante,
pois eu sei que em nenhum instante
vai perder tua companhia
ou teu amor, que então havia.
E não existe dama boa
se toma o bem que também doa.

Eras, qon q'el sia estat,
o per la vostra volontat
o per lo tort qe ·us a agut,
ve ·l vos aissi mort e vencut
qez el non dorm ni non repausa,
ni el mond non es nulla causa,
qe ja ·l puesca donar conort,
si doncs ab vos non trob' acort.
Per q'eu vos prec, per gran merce,
qe vos, tot per amor de me,
li perdones e ·l finiscatz
los tortz, don vos l'ucazonatz;
ez eu faz vos per lui fianza
qe ja en diz ni en senblanza,
non faza nul temps ni non diga
ren per qe ·l sias enemiga.
E no ·l sias oimais avara,
anz li sias fina e clara,
qe ·l noms ni ·l semblanz no ·us desmenta,
e prec amor qe ·us o cosenta,
bona donna.

Pois seja lá o que aconteceu,
seja por um desejo teu,
ou pelo mal que ele te fez,
hoje vencido se desfez;
ele não dorme nem repousa,
e no mundo nada mais ousa
lhe conceder algum conforto,
se não tem paz junto a teu porto.
Peço o maior favor por fim,
que, pelo amor que tem por mim,
você perdoe e sem escusa
dê fim ao mal de que o acusa;
e por ele presto fiança,
falo com toda confiança,
que não acontece que eu diga
coisa que te seja inimiga.
E não lhe seja tão avara,
mas fique sempre fina e clara,
e nenhum traço te desminta:
peço ao amor que assim consinta,
nobre senhora.

BELS DOUS AMICS, BEN VOS PUOSC EN VER DIR

Bels dous amics, ben vos puosc en ver dir
qe anc non fo q'eu estes ses desir
pos vos conuc ni ·us pris per fin aman;
ni anc no fo q'eu non agués talan,
bels dous amics, q'eu soven no ·us veses
ni anc no fo sazons qe m'en pentes;
ni anc no fo, se vos n'anes iratz,
q'eu agues ioi tro que fossetz tornatz,
ni anc...

MEU DOCE AMIGO, EU POSSO TE CONTAR

Meu doce amigo, eu posso te contar
que nunca mais fiquei sem desejar,
desde que me tornei amante enfim,
eu nunca mais fiquei sem ter em mim,
meu doce amigo, anseio de te ver,
e nunca mais eu vou me arrepender,
e nunca mais, se em fúria me largar,
eu deixarei de rir, quando voltar,
e nunca mais…

DIEUS SAL LA TERRA E·L PAIS

Dieus sal la terra e ·l pais
on vostre cors es ni estai,
on q'eu sia mos cors es lai
qe sai non n'es om poderos;
aissi volgr'eu qe ·l cors lai fos,
qi qe sai s'en fezes parliers,
mais n'am un ioi que fos entiers
qi qe s'en fai tant enveios.

DEUS SALVE A TERRA E O PAÍS

Deus salve a terra e o país
onde teu peito pode estar,
onde eu estou, meu peito é lá,
e nenhum homem tem poder;
quisera o peito lá eu ver,
seja o que dizem por aqui,
prefiro um gozo vero em si
que este de inveja e malquerer.

AB LO COR TRIST ENVIRONAT D'ESMAY

Ab lo cor trist environat d'esmay,
plorant mos uells e rompen los cabels,
sospirant fort, lassa, conget pendray
de fin' amor et de totz sos conssels,
car ia no ·m platz amar hom qu'e ·l mon sia
deresenant, ne portar bon voler,
pus mort crusel m'a tolt cell q'eu volia
trop mais que me sens negun mal sauber.

E per aiso fauc lo captenimen
desesperat e farai chascun iorn
ab trist semblan, e darai entenen
a totz aicels que ·m vey anar entorn
qu'en me no ·ls cal aver nul'esperansa,
ans podon be sercar en autre part
dona qe ·ls am o qe ·ls don s'amistansa,
car eu d' amor e de ioi me depart.

E si del mon pogues pendre comiat
ab grat de Deu, axi cum fau d'amor,
— totz mos parens encara m' an retrat —,
plandrie ·m pauc aitant visc ab dolor;
e per aico prec la mort sens demora

COM PEITO TRISTE NUM MAR DE AFLIÇÕES

Com peito triste num mar de aflições,
cabelos soltos, pranto em meu olhar,
do fino amor com suas conduções
vou sofrida em suspiros me afastar,
nenhum homem no mundo eu amaria
de hoje em diante (assim não vou querer):
morte cruel tomou quem eu queria
mais que a mim mesma, meu maior prazer.

É pois por isso que assumo o papel
desesperado, que sempre terei
o vulto triste e farei escarcéu
para informar a todos desta grei
que já não posso mais ter esperança,
porém podem buscar noutro lugar
dama que os ame e conceda amigança,
pois que o gozo e o amor eu vou deixar.

Ah, se eu pudesse só partir daqui,
com a bênção de Deus, como do amor
— que a parentela não deixa eu sair —
eu choraria menos minha dor.
Por isso peço a morte sem demora,

venga de faitz per mon las cor alcir,
pus a mort cell de que mon cor tant plora
e fa mant dol nuyt e jorn e suspir.

De tots quant vey ben parats e vestits
dençant, xentant, alegres e pagats
ai gran enueg e no ·m plats mos delits;
e no ·n deu esser res maravelats,
car pus me son renovellant la playa
anant me ·l cor en lo gent aresar
e ·l gay vestir d'acell — a quj Deus haya —
lo qual no crey en lo mon n'agues par.

Per que m'es bon de null temps amar plus
e de iaquir amor e son hostal,
car eu no crey hom de trobar dejus
tan bo, tant gay ne de valor aytal.
El era franch, valent, d'onor complida
e tant ardit que ell n'es estat mort,
per que mon cor farja gran fallida
si n'amava altre apres sa mort.

Mon dolç amjch, si be hom no ·m soterra,
morta suy heu gran res — si Deu m'ajut —
car sino mal no sent, tan fort s'aferra
dolor en me despueys que ·us ay perdut.

que venha consumir meu coração:
morreu quem o meu peito mais deplora
por dia e noite em longa contrição.

Quem quer que eu veja bonito e feliz
em canto e danças alegres demais
me abala, o meu deleite me despraz;
se eles renovam minha cicatriz,
isso não deve mais causar espanto,
pois me transportam com passo gentil
(que Deus o tenha) até seu belo manto:
sim, perto dele qualquer um é vil.

Agora não desejo mais amar
mas me exilar do amor e seu quintal,
pois eu bem sei que não posso encontrar
homem tão bom e de valor igual.
Ele era franco, forte, sempre honrado,
e tão ousado que por fim morreu,
meu coração cairia em pecado
se amasse um outro depois que o perdeu.

Meu doce amigo, mesmo sobre a terra
eu já morri (e que me ajude Deus),
só sinto um mal, e tanto mais me aferra
a dor de ter perdido os olhos teus.

SIRVENTES

NO PUESC MUDAR NO DIGUA MON VEJAIRE

No puesc mudar no digua mon vejaire
d'aisso don ai al cor molt gran error
et er me molt mal e greu a retraire
quar aquist antic trobador
que ·n son passat, dic que son fort peccaire,
qu'ilh an mes lo segl'en error
que an dig mal de domnas a prezen
e trastug cilh qu' o auzon crezo ·ls en
et autreyon tug que ben es semblansa
et aissi an mes lo segl'en erransa.

E tug aquist que eron bon trobaire
tug se fenhon per lial amador,
mas ieu sai be que non es fis amaire
nuls hom que digua mal d'amor;
enans vos dic qu'es ves amor bauzaire
e fai uzatge al traitor
aicel que de so, on plus fort s'aten
plus en ditz mal aissi tot a prezen,
quar negus hom, s'avia tota Fransa,
no pot ses don'aver gran benestansa.

NÃO POSSO MAIS CALAR MEU PENSAMENTO

Não posso mais calar meu pensamento
do que confunde o coração no error:
e agora já me dá ressentimento
    dizer que arcaico trovador,
morto e passado, pecou no tormento
    ao espalhar profundo error,
assim que ousou falar mal da mulher,
pois quem o escuta já confia e crê
que seja pura verossimilhança
pra depois espalhar profunda errância.

Todo bom trovador tinha o intento
de ter porte leal de um amador,
mas sei que nunca amou no bom momento
    o homem que fala mal do amor;
enganador será — e eu argumento —
    quando age feito um traidor;
pois quando vê a coisa que mais quer
é que ele insiste sempre em maldizer,
mas nem mesmo um senhor de toda a França
sem uma dama pode ter bonança.

E ja nuls hom que sia de bon aire
no sufrira qu'om en digua folhor,
mas silh que son ves amor tric e vaire
    ho auzon (?) e s'en tenon ab lor;
qu'En Marcabrus, a ley de predicaire
    quant es en gleiza ho orador
que di gran mal de la gen mescrezen,
et el ditz mal de donas eyssamen;
e dic vos be que non l'es gran honransa
cel que ditz mal d'aisso don nays enfansa.

Ia no sia negus meravellaire
s'ieu aisso dic ni vuelh mostrar alhor
que quascus hom deu razonar son fraire
    e queia domna sa seror,
quar Adams fo lo nostre premier paire
    et avem Damnidieu ad auctor,
e s'ieu per so velh far razonamen
a las domnas, no m'o reptes nien,
quar dona deu az autra far onransa
e per aisso ai ·n ieu dig ma semblansa.

E nunca vai um homem nobre e atento
deixar que os outros falem o pior,
mas só o falso amante em mal alento
    concordará com tanto horror;
e Marcabru, em seu predicamento
    na igreja feito um orador,
falou tão mal da gente que descrê,
quão mal falou das damas sem temer;
em honra perderá perseverança
quem maldisser o chão que dá criança.

Que mais ninguém decaia no espavento,
quando assim eu falo e mostro que é melhor
se homem por irmãos tomar assento
    e a dama por irmãs se impor.
Adão foi nosso pai de nascimento
    e temos Deus por criador,
se eu argumento agora, é pra dizer
pra que não me censure uma mulher,
mas que uma honre a outra com fiança:
defendo aqui a causa da esperança.

AB GREU COSSIRE ET AB GREU MARRIMEN

Ab greu cossire et ab greu marrimen,
planh e sospire et ab perilhos turmen,
can me remire ab pauc lo cor no ·m fen,
ni mos huels vire que gart mos vestimens
que son ricx e onratz
e ab aur fi frezatz
e d'argen mealhatz,
ni regart ma corona,
l'apostoli de Roma
volgra fezes cremar
qui nos fay desfrezar.

Sesta costuma ni sest establimen
non tenra gaire, c'an fag novelamen,
car lo rey Iacme no foron a prezen
ni l'apostoli; c'absolva ·l sagramen,
car nostres vestirs ricx
an nafratz e aunitz;
qi o tractet sia marritz,
per que cascun' entenda
que non port vel ni benda,
mais garlandas de flors
en estieu per amors.

COM GRAVE LUTO, COM MINHA GRAVE DOR

Com grave luto, com minha grave dor,
eu choro e luto de perigo e pavor;
quebra meu coração, me sinto em torpor
e o olho oculto nesta roupa de horror
(tinha um rico perfil,
feita de ouro sutil,
com prata em cada fio);
quando a coroa assoma,
peço que o papa em Roma
mande logo queimar
quem nos desarrumar.

Esse costume e aquela nova nova lei
recém-lançada, nunca mais seguirei,
pois não estava presente Jaime, o rei,
nem nosso papa: desfaçam, pois eu sei
que assim vão denegrir
o dom de se vestir:
o melhor é punir!
Pra que a dama sem pranto
troque esse véu e manto
por guirlandas de flor
neste verão de amor.

Coras que vengua lo rey nostre senhor
que es semensa de pretz e de valor,
per merce ·l prenda c'auia nostra clamor
de la offensa que fan sieu rendador,
que ·ls vestirs an naffratz
e desencadenatz
e dezenbotonatz;
per que nostras personas
ne van plus vergonhozas
prec que sian tornatz
per vos, franc rey onratz.

Senhors dauraires e los dauriveliers,
donas e donzelas qu'es de lur mestier,
a l'apostoli mandem un messatgier
que escumenie cosselhs e cosselhiers;
e los fraires menors
en son en grans blasmors,
e los prezicadors
e selh de penedensa
ne son en malvolensa
e li autre reglar
c'o solon prezicar.

Vai, sirventesca, al bon rey d'Arago
e a la papa que ·l sagramen perdo,
car vilanesca an fag — si Dieus be ·m do —
e ribaudesca, nostre marit felo;

Tão logo venha nosso rei e senhor,
que tanto ostenta seu mérito e valor,
mercê nos tenha e ouça o nosso clamor
contra as ofensas desse regulador,
que estas vestes e dons
deixou em desbotões
deixou em desgrilhões,
para que enfim se imponha
fim à nossa vergonha!
Mande que volte atrás,
ó grande rei de paz!

Meus bons ourives e quem mais o puder
moças e damas deste nosso mester,
vamos conjuntos ao papa interceder
pra que excomungue seu consílio (é mister!),
junto ao frade menor
em pecado maior,
junto ao predicador
com toda penitência
feita em malevolência
e ao homem regular
que pensa em predicar.

Vá, sirventesca, pro bom rei de Aragão
e ao papa: desfaçam a contrafação,
pois vil papel farão (Deus lhes dê perdão),
feito um pastel, os maridos de plantão,

…
…
…
quar yeu n'era pus gaia;
la sentura m'esclaia
que yeu solia senchar,
— Lassa! no l'aus portar.

De ma camiza blanc'ai tal pessamen,
que era cozida de seda ricamen,
gruogua e vermelha e negra eyssamen,
blanca e blava, ab aur et ab argen
— Lassa! — non l'aus vestir.
Lo cor me vol partir
…: -ir
e non es meravilha.
Senhors, faitz me esclavina
que aitan l'am portar
can vestir ses frezar.

…
…
…
e mais feliz eu fora.
Minha cinta de outrora
que hoje me faz cismar
— Adeus! — não ouso usar.

A blusa branca que agora dói em mim,
que tinha tranças de sedas e cetim,
feita de preto, junquilho e carmesim,
com ouro e prata, branco, azul, linho e brim,
— Adeus! — não ouso ter!
Meu peito quer morrer!
… *-er*
Nem me espanta esta sina.
Preparem a esclavina!
Assim prefiro andar,
se não vou me arrumar.

GREU M'ES A DURAR

Greu m'es a durar, quar aug tal descrezensa
dir ni semenar, e no ·m platz ni m'agensa,
qu'om non deu amar qui fai desmantenensa
a so don totz bes
ven e nais e es,
salvamens e fes: per qu'ieu farai parvensa
e semblan que ·m pes.

No ·us meravilhes negus si eu muou guerra
ab fals mal apres qu'a son poder soterra
totz bos faitz cortes e ·ls encauss'e ·ls enserra;
trop se fenh arditz,
quar de Roma ditz
mal, qu'es caps e guitz, de totz selhs que en terra
an bos esperitz.

En Roma es complitz totz bes, e qui ·l li pana,
sos sens l'es falhitz quar si meteys enguana:
qu'elh n'er sebelitz, don perdra sa ufana.
Dieus auia mos precx:
que selhs qu'an mals becx,
iovens e senecx, contra la ley romana,
caion dels bavecx.

DURO É SUPORTAR

Duro é suportar quando ouço tal descrença
alguém semear, nem me agrada ou compensa,
pois não vale amar quem faz maledicência
daquele de quem
nos vem todo o bem
junto aos céus também: assim com consciência
digo o que me vem.

Por isso convém que eu sempre faça guerra
ao falso que sem frear poder soterra
tudo o que é de bem e persegue e encerra;
é covarde, eu penso,
quem diz que é sem senso
Roma, já que o extenso colorido da terra
nos mostra de imenso.

Em Roma é consenso todo o bem, quem estranha
perde o seu bom-senso, pois a si próprio engana;
logo perde o lenço, documento e do que ufana.
Deus ouça-me a prece:
se alguém denegrece
lei romana, que esse decaia de tal gana,
se é velho ou se cresce.

Roma, selhs par pecx,   tenc totz e per gent grossa,
per orbs e per secx   que lur carn e lur ossa
cargon d'avols decx,   don cazon en la fossa,
on lur es sermatz
pudens focx malvatz,
don mais desliatz   no son de la trasdossa
qu'an de lurs peccatz.

Roma, ges no ·m platz   qu'avols hom vos combata,
del bos avez patz,   qu'usquecx ab vos s'aflata,
dels fols lurs foldatz   fes perdre Damiata;
mas li vostre sen
fan sel ses conten
caytiu e dolen   que contra vos deslata
ni renha greumen.

Roma, veramen   sai e cre ses duptansa
qu'a ver salvamen   adurezt tota Fransa,
oc, e l'autra gen   que ·us vol far aiudansa.
Mas so que Merlis
prophetizan dis
del bon rey Loys,   que morira en Pansa,
aras s'esclarzis.

Piegz de Sarrazis   e de pus fals coratge
hereties mesquis   son. Qui vol lur estatge
ins el foc d'abis   va s ·en loc de salvatge
en dampnatio.
A selhs d'Avinho

Roma, sem ter messe o povo é todo grosso,
de visão carece pois na carne e no osso
de vícios se aquece. Por isso cai no fosso
onde é preparado
cruel fogo inflado;
jamais libertado será do calabouço
de tanto pecado.

Roma, um desagrado é que o vil te combata;
a paz é teu fado, cada um te arrebata.
Ao mais alienado alienou Damiata;
mas tornas, sapiente,
necessariamente,
cativo e dolente quem não segue tua nata
e reina demente.

Roma, em minha mente só trago confiança
de que à firme frente tu levarás a França
e o povo contente que te dá segurança.
Mas o que prediz
Merlin de Luís,
monarca feliz, que morrerá "na pança,"
claro é na raiz.

Os homens mais vis têm mais falas, coragem
o herege infeliz. Quem lhe der hospedagem
nos quentes covis cai e em local selvagem
sofre a danação;
baixas taxação

baisses, don m'es bo, Roma, lo mal pezatge,
don grans merces fo.

Roma, per razo avetz manta destorta
dressad'a bando et oberta la porta
de salvatio, don era la claus torta,
que ab bon govern
bayssatz folh esquern;
qui sec vostr'estern, l'angel Michel l'emporta
e ·l garda d'ifern.

L'estiu e l'yvern deu hom ses contredire
Roma, lo cazern legir, si que no ·s vire,
e quan ve l'esquern, cum Jhesus pres martire,
albir se lo cas:
si no ·s pess'en pas,
non est crestias, s'adoncx non a cossire,
totz es fols e vas.

Roma, lo trefas e sa leys sospechoza
als fols digz vilas par que fos de Toloza,
on d'enians certas non es doncz vergonhoza.
Mas si ·l coms prezans
enans de dos ans
cove que ·ls engans lais e la fe duptoza
e restaure ·ls dans.

Roma, lo reys grans qu'es senhers de dreytura
als falses Tolzans don gran malaventura,

cruel de Avignon,   Roma, e é grande a vantagem:
deu satisfação.

Roma, com razão   tua mão desentorta
todo o erro ancião;   tu abriste uma porta
desta redenção   cuja chave era torta,
pois com bom governo
curas mal externo;
e quem segue o Eterno,   o anjo Miguel transporta
e guarda do inferno.

Verão ou inverno,   todo homem deve ler
o santo caderno   sem te contradizer;
se no sempiterno   vir seu Jesus sofrer,
pense nesse rolo,
se não tem consolo,
nem Cristo por solo,   se nada o demover,
com certeza é tolo.

Roma, o grande dolo   pela fé suspeitosa
com fala de embolo   deve ser de Tolosa;
seu falso consolo   o deixa todo prosa.
Pois mal passa um ano:
conde suserano
abandona a engano   feito e fé duvidosa
e desfaz o dano.

Roma, o soberano,   senhor da direitura,
ao mau tolosano   traga uma desventura,

quar tiut a sos mans   fan tan gran desmezura,
qu'usquecx lo rescon,
e torbon est mon;
e ·lh comte Raymon,   s'ab elhs plus s'asegura,
no ·l tenray per bon.

Roma, be ·s confon   e val li pauc sa forsa
qui contra vos gron   ni bast castelh ni forsa
quar en tan aut mon   no ·s met ni no s'amorsa
que Dieus non recort
son erguelh e ·l tort
……………… -ort   don pert tota s'escorsa
e pren dobla mort.

Roma, be ·m conort   que ·l coms ni l'emperaire,
pueis que son destort   de vos, non valon gayre,
quar lur fol desport   e lur malvat vejaire
los fa totz cazer
a vostre plazer,
qu'us no ·s pot tener,   sitot n'es guerreiayre,
non li val poder.

Roma, yeu esper   que vostra senhoria
e Fransa per ver,   cuy non platz mala via,
fassa dechazer   l'erguelh e l'eretgia,
fals heretges quetz,
que non temon vetz
ni crezo ·ls secretz,   tan son plen de feunia
e de mal pessetz.

pois contra seu plano cometem desmesura
que escondem no fundo
e turbam o mundo;
se o conde Raimundo com eles se assegura,
digo que é imundo.

Roma, o furibundo já perde o seu vigor
por ser vagabundo, cai seu castelo em dor,
pois num alto mundo não consegue se pôr,
que a Deus não importe
o orgulho sem norte
.... -orte, não pode mais se impor
e tem dupla morte.

Roma, meu conforto é que o conde e quem reinar
dês que se deporte de ti, não vai mandar,
ninguém se comporta e no seu cruel tramar
podes submeter
ao teu bel-prazer;
quem tentar deter, pode até guerrear,
mas não vai poder.

Roma, eu quero crer que a tua senhoria
e a França — é mister, pois não segues má via —
faça desfazer o orgulho e a heresia;
acalma ao abjeto
que não teme um veto
nem crê no secreto, cheio de felonia
e pensar infecto.

Roma, be sabetz   que fort greu lor escapa,
qui au lor decretz,   aissi tendon lur trapa
ab falses trudetz,   ab que quascus s'arrapa.
Totz son sortz e mutz,
qu'el lur tolh salutz,
don quecx es perdutz,   qu'ilh n'an capelh a capa,
e remanon nutz.

Chauzitz e sauputz   naysson senes falhida,
crematz e pendutz   per lur malvada vida
qu'anc negus vertutz   non fe no, i ges auzida
non avem sivals.
E si fos leyals
lor vida mortals,   dieus crei l'agra eyssauzida,
mas non es cabals.

Qui vol esser sals,   ades deu la crotz penre
per ereties fals   dechazer e mespenre,
que ·l celestials   hic venc sos bras estendre
tot per sos amicx;
e pus tals destricx
pres, ben es enicx   selh que non vol entendre
ni creyre ·ls chasticx.

Roma, si pus gicx   renhar selhs que ·us fan onta
al sant esperitz   — quant hom lor o aconta
tan son fol mendicx   qu'us ab ver no s'afronta —
no ·y auras honor.
Roma, li trachor

Roma, por completo   sabes que não escapa
quem troca o decreto;   ele arruma uma trapa
com falso projeto   e depois se esfarrapa.
Assim surdo-mudo
deixa o dom de tudo,
logo está perdudo: não tem chapéu nem capa,
vai todo desnudo.

Já com conteúdo   nasce, e é bem sabido,
queima sobretudo   por ser um pervetido,
eu nunca o saúdo;   pois não é conhecido
por ter fé igual.
Se fosse leal
sua vida mortal,   Deus teria acolhido;
mas ela vai mal.

Quem quiser o Graal,   com cruz deve seguir
e herege infernal   denegar e punir,
que o celestial   vem com braço a se abrir
para todo amigo:
já sofreu castigo,
e é seu inimigo   quem não quer mais ouvir
nem crer no testigo.

Roma, vem contigo   quem mais te desafronta,
e tu dás abrigo   (e o que dele se conta
é que é tão imigo   que ao vero não afronta)
não te dá valor.
Roma, o traidor

son tan ples d'error   qu'on plus pot, quascus monta
quec iorn sa folor.

Roma, folh labor   fa [qui ab] vos tensona,
del empe[rador   dic, s']ab vos no s'adona,
q[u'en gran] deshonor   ne venra s[a corona
e] sera razos
mas per [o ab vos
leu] troba perdos   qui g[en sos tor]tz razona
ni n'es an [goissos].

Roma ·l Glorios   que a la Magdalena
perdonet, don nos   esperam bona estrena,
lo folh rabios   que tans ditz fals semena,
fassa d'aital for
elh e son thezor
e son malvat cor   morir e d'aital pena
cum hereties mor.

vai cheio de error,   que a cada dia amonta
seu louco furor.

Um louco labor   faz quem te atraiçoa;
se o imperador,   contra Roma destoa,
um maior pudor   cairá nessa coroa:
será doloroso.
Contigo tem gozo
e perdão vistoso   quem assumir a loa,
não mais desditoso.

Roma, o Glorioso   que perdoou Madalena,
prometeu bondoso   graça e dádiva plena
e um fado horroroso   lança na mente obscena
que pensa retorto;
com seu rico porto
e seu peito torto   morra com a mesma pena
que um herege é morto.

TENSOS

Almuc de Castelnou c. 1140-1184
e Iseut de Capion c. 1140-?

N'Iseuz de Capion si preget ma dompna Almucs de Castelnou q'ela perdones a' N Gigo de Tornen, q'era sos cavaliers et avia faich vas ella faillimen e non se' n pentia ni non demandava perdon :

— Dompna N'Almulcs, si ·us plages,
be ·us volgra preiar d'aitan:
que l'ira e ·l mal talan
vos fezes fenir merces
de lui qe sospir'e plaing,
e muor languen e ·s complaing
e quier perdon humilmen;
que ·us fatz per lui sagramen.
Si tot li voletz fenir
qu'el si gart meilz de faillir.

E ma dompna N'Almucs, la cals volia ben a'N Gigo de Torno, si era mout dolenta, car el non demandava perdon del faillimen; e respondet a ma dompna N'Iseuz si com diç aqesta cobla:

— Dompna N'Iseuz s'ieu saubes
qu'el se pentis de l'engan
qu'el a fait vas mi tan gran,

Almuc de Castelnou — *c.* 1140-1184
e Iseut de Capion — *c.* 1140-?

Iseut de Capion pediu à senhora Almuc de Castelnou que perdoasse Gigo de Tornen, que era seu cavalheiro e tinha feito contra ela uma ofensa e não se arrependia, nem pedia perdão:

— Senhora Almuc, se puder
uma coisa, por favor,
deixe de raiva e rancor,
seja indulgente, mulher,
com quem só suspira e dói
morre, chora, se corrói
e pede humilde perdão:
nisso juro em sagração.
Se você o redimir,
ele não vai mais cair.

Almuc, que bem queria a Gigo de Torno, estava muito sofrida, porque ele não pedia perdão pela ofensa, e respondeu à senhora Iseut como diz a seguinte estrofe:

— Senhora Iseut, se eu souber
que se arrepende do error
de me ofender sem pudor,

ben fora dreich qu'eu n'agues
merce; mas a mi no ·s taing,
pos que del tort no s'afraing
ni ·s pentis del faillimen,
que n'aja mais chausimen;
mas si vos faitz lui pentir
leu podes mi convertir.

eu bem posso conceder
mercê: mas se ainda sói
pecar e não se condói,
eu não vejo condição
de aceitar a petição:
se você o remedir,
fácil vai me persuadir.

NA CARENZA AL BEL CORS AVENENZ

— Na Carenza al bel còrs avenenz,
donatz conselh a nos doas serors,
e car saubetz mielhs triar la melhors,
consilhatz mi second vòstr'escïenz:
penrai marit a vòstra conoissença,
o'starai mi pulcela? E si m'agença,
que far filhons non cuit que sia bos
e sens marit mi par trop angoissós.

— N' Alaisina Yselda, 'nsenhamenz,
prètz et beltatz, jovenz, frescas colors
conosc qu'avetz, cortisia e valors,
sobre totas las autras conoissenz;
per qu'ie ·us conselh per far bona semença
penre marit coronat de scïença,
en cui faretz fruit de filh glorïós.
Retenguta's pulcel' a cui l'espós.

— Na Carenza, penre marit m'agença,
mas far infanz cuit qu'es gran penitença,
que las tetinas pendon aval jos
e lo ventrilh es rüat e'nojós.

DONA CARENZA, DE CORPO GENTIL

— Dona Carenza, de corpo gentil,
me dê conselho de irmãs, por favor,
você bem sabe escolher o melhor,
só me aconselhe em ciência sutil:
será que caso? Me diga o que pensa.
Ou fico virgem? O que mais compensa,
se fazer filhos não me cai tão bem
e ficar sem marido não convém?

— Dona Alaisina Yselda, muito brio,
educação, juventude e frescor
você tem, com cortesia e valor,
mais que as melhores de um humor tão pio;
te aconselho rebentos sem ofensa,
um marido cingido de ciência,
frutificando o filho que lhes vem,
pois as casadas virgens se mantêm.

— Então vou me casar, Dona Carenza,
mas ter filho parece penitência:
ter os peitos caídos muito aquém
e a barriga caída com desdém.

— N'Alaisina Yselda, sovinença
ajatz de mi in l'umbra de guirença;
quant i siretz prejatz lo Gloriós
qu'al departir mi ritenga près vos.

— Dona Alaisina Yselda, a minha tença
é que à sombra recorde nossa avença:
peça ao Senhor de glória até no além
que, ao partir, contigo eu fique também.

S'IE·US QUIER CONSEILL, BELL'AMI' ALAMANDA

— S'ie ·us quier conseill, bell'ami' Alamanda,
no ·l mi vedetz, qu'om cochatz lo ·us demanda,
que so m'a dich vostra dompna truanda
que loing sui fors issitz de sa comanda,
que so que ·m det m'estrai er e ·m desmanda.
Qe ·m cosseillatz?
C'a pauc lo cors totz d'ira no m'abranda,
tant fort en sui iratz.

— Per Dieu, Giraut, ies aissi tot a randa
volers d'amics noi ·s fai ni noi ·s garanda,
que si l'uns faill, l'autre coven que blanda,
que lor destrics noi ·s creisca ni s'espanda.
E s'ela ·us ditz d'aut puoig que sia landa,
vos la ·n crezatz.
E plassa vos lo bes e ·l mals q'il manda
c'aissi seretz amatz.

— Non puosc mudar que contr'orguoill non gronda.
Ia siatz vos, donzella, bell' e blonda,
pauc d'ira ·us notz e paucs iois vos aonda,
mas ges no n'etz primieira ni segonda.

ME DÊ CONSELHO, QUERIDA ALAMANDA

— Me dê conselho, querida Alamanda,
não negue, que um coitado te demanda,
e me contou tua senhora infanda
que já não sigo o que ela me comanda,
se o que me dava, nega, e assim desanda.
    Pode dizer?
Na fúria o coração meu não se abranda,
    de tanto enfurecer.

— Por Deus, Giraut, que sem passada branda
o amor do amigo rápido tresanda,
pois se um errar, já o outro contramanda,
pra que o sofrer de amantes não se expanda,
se ela disser que um monte é uma landa,
    bem pode crer,
aceite o bem e o mal que ela te manda,
    pra te amar e querer.

— Não sei calar esta vaidade imunda;
você é donzela, beleza profunda,
que em pouca fúria, em pouco gozo funda,
porém não é primeira nem segunda.

Et eu qe ·m tem fort d'est' ira qe ·m cofonda,
vos me lauzatz,
si ·m sent perir, qe ·m tenga plus vas l'onda.
Mal cre qe ·m capdellatz.

— Si m'enqueretz d' aital razon prionda,
per Dieu, Giraut, non sai com vos responda.
Vos m'apellatz de leu cor iauzionda
— mais voill pelar mon prat qu'autre ·l mi tonda.
Que s'ie ·us era del plaich far desironda,
vos escercatz
com son bel cors vos esdui'e ·us resconda.
Ben par com n'etz cochatz.

— Donzell'oimais non siatz tant parlieira,
qu'il m'a mentit mais de cinc vetz primieira.
Cuiatz vos doncs q'ieu totz temps lo sofieira?
Semblaria c'o fezes per nescieira;
d'autr'amistat ai talan q'ie ·us enquieira,
si no ·us calatz.
Meillor cosseil dava Na Berengieira
que vos no m'en donatz.

— Lora vei ieu, Giraut, q'ella ·us o mieira,
car l'apelletz camiairitz ni leugieira.
Pero cuiatz que del plaich vos enquieira?
Ieu non cuig ies qu'il sia tant mainieira;
anz er oimais sa promessa derrieira,
— que qe ·us digatz —

E enquanto temo a fúria que me afunda,
me vem você
louvar-me soçobrando em onda funda
que pode me perder.

— Se com graves questões você me inunda,
por Deus, Giraut, talvez eu te confunda.
Diz que com pouco o riso em mim abunda,
mas vou primeiro arar terra fecunda.
Se um desejo de pacto me circunda,
busque saber
por que ela foge à tua barafunda.
Coitado, dá pra ver.

— Donzela, largue de ser faladeira,
porque ela mente desde a vez primeira:
acha que vou sofrer a vida inteira?
Vão é pensar que estou dando bobeira.
Outra amizade chega na soleira,
se assim puder
me dar conselhos como Berengieira,
a melhor que há de haver.

— Giraut, ela te deixa na rabeira
porque você chamou-a de rameira.
Mas pode ser que agora um pacto queira.
Não acho que ela seja tão ordeira:
essa será a promessa derradeira
a depender

si ·s destreing tant que contra vos sofieira
  trega ni fi ni patz.

— Bella, per Dieu, non perda vostr'aiuda,
ja sabetz vos com mi fo covenguda.
S'ieu ai faillit per l'ira c'ai aguda
no ·m tenga dan; s'anc sentitz cum leu muda
cors d'amador, bella, e s'anc foz druda
  del plaich penssatz.
Qu'ieu sui be mortz s'enaissi l'ai perduda —
  mas no ·lh o descobratz.

— Seign'En Giraut, ia n'agr'ieu fin volguda,
mas ella ditz qu'a dreich s'es irascuda
c'autra'n preietz com fols tot a saubuda
que non la val ni vestida ni nuda.
No ·i fara doncs, si no ·us gic, que vencuda
  n'er? So sapchatz:
be.us en valrai et ai la ·us mantenguda
  si mais no ·us hi mesclatz.

— Bella, per Dieu, si de lai n'etz crezuda
  per me l'o affiatz.

— Ben o farai. Mas quan vos er renduda
  s'amors, no la ·us toillatz.

que ela agora suporte sobranceira
    paz e trégua e poder.

— Linda, eu insisto agora que me acuda,
pois conhecia nossa mútua ajuda;
se por acaso errei por fúria aguda,
não mais se ofenda ao ver que o peito muda;
se você foi amante ou manteúda,
    venha me erguer,
que nesta perda a morte me amiúda,
    mas sem transparecer!

— Senhor Giraut, eu quero a paz graúda,
mas ela sente a fúria, não se iluda,
pois tolo você quis outra miúda
que não a iguala vestida ou desnuda.
Ela é quem vai perder, se não desgruda.
    Pode escrever!
Eu a defendo mas te planto a muda,
    se se comprometer.

— Linda, por Deus, que se ela se desmuda,
    eu posso prometer!

— Melhor e se o amor dela te saúda,
    não deixe fenecer.

Comtessa de Proença e Gui de Cavalhon

séc. XII-XIII

VOS QE·M SEMBLATZ DELS CORALS AMADORS

— Vos qe ·m semblatz dels corals amadors,
ja non volgra que fossetz tan doptanz;
e platz mi molt quar vos destreing m'amors,
qu'autressi sui eu per vos malananz;
ez avetz dan en vostre vulpillatge
quar no ·us ausatz de preiar enardir;
e faitz a vos ez a mi gran dampnatge
que ges dompna non ausa descobrir
tot so q'il vol per paor de faillir.

— Bona dompna, vostr'onrada valors
mi fai estar temeros, tan es granz;
e no ·m o tol negun autra paors
qu'eu non vos prec, qe ·us volria enanz
tan gen servir qu'ieu no ·us fezes oltrage
— qu'aissi ·m sai eu de preiar enardir,
e volria que'l faich fosson messatge
e presessetz en loc de precs servir
qu'us honratz faitz deu be valer un dir.

Comtessa de Proença e Gui de Cavalhon — séc. XII-XIII

VOCÊ PARECE CORDIAL AMADOR

— Você parece cordial amador,
bem poderia largar medos vis:
gosto que sofra pelo meu amor,
e por você eu sou uma infeliz;
o que te afeta é tua covardia
por nem ousar chamar-me em súplica;
o que a você e a mim só injuria,
nenhuma dama iria revelar
o que mais quer, pelo pavor de errar.

— Nobre senhora, o honrado valor
é que me atiça um temor na raiz,
porém não tenho mais nenhum pavor
de te pedir, pois o que eu sempre quis
é te prestar humilde serventia;
e vou ousar chamar-te em súplica,
por isso meto na mensagem-guia
que vou servir em vez de só chamar,
pois grande feito deve se falar.

Na Lombarda si fo una dona de Tolosa, gentil e bella et avinens de la persona et insegnada. E sabia bien trobar e fazia bella coblas et amorosas. Don Bernartz N' Arnautz, fraire del comte d'Arma[n]hac, ausi contar de le bontaz e del valor de le; e venc s'en a Tolosa per le veser. Et estet con ella de gra[n] desmestegesa et inqueri la d'amor, e fo molt son amic. E fez aquestas coblas de le, e mandet le ad esa, al seu alberg; e pois montet a caval ses le vezer, e si s'en anet in sua tera:

Lombards volgr'eu eser per Na Lonbarda,
q'Alamanda no ·m plaz tan ni Giscarda,
qar ab sos oiltz plaisenz tan ien mi garda,
qe par qe ·m don s'amor, mas trop me tarda,
qar bel veser
e mon plaiser
ten e bel ris en garda,
que nuls no ·l pod mover.

Seigner Iordan, se vos lais Alamagna
Fransa e Peiteus, Normandia e Bretagna,
be me devez laisar senes mesclagna
Lonbardia, Liverno e Lomagna.
E si ·m valez,
leu per un dez
valdr'e ·us ab leis qu'estragna
de se tot avol prez.

Lombarda era uma dama de Tolosa, gentil, linda e amável no trato e culta. E sabia bem trovar e fazia belas estrofes amorosas. Dom Bernat Arnaut, irmão do conde de Armanhac, ouviu falar da bondade e do valor dela e veio até Tolosa para vê-la. E teve com ela grande familiaridade e pediu seu amor e foi muito seu amigo. E fez as seguintes estrofes sobre ela e as mandou até ela em sua casa; depois partiu a cavalo sem a ver e voltou para sua terra.

Lombardo eu quero ser para Lombarda,
não me importa Alamanda nem Giscarda,
quando o clarão do seu olhar me guarda
aparentando amor; mas só me tarda,
    pois do prazer
    que tenho em ver
    seu riso se resguarda,
    ninguém pode mover.

Senhor Jordan, eu te deixo a Alemanha,
França, Peitieus, Normandia e Bretanha,
me deixe então, sem lástima tamanha,
Lombardia, Liverno e até Lomanha,
    por tais mercês
    prometo dez
    vezes mais que essa estranha
    a toda triste tez.

Mirail de Prez,
conort avez,
ges per vila no ·s fragna
l' amor en qe ·m tenez.

Na Lonbarda se fes gran meraveilla, qant ella ausi contar qe Bernartz N'Arnautz s'en era andat ses le veser, e mandet le aquestas coblas:

Nom volgr'aver per Bernat Na Bernada
e per N' Arnaut N'Arnauda apellada;
e grans merses, Seigner, car vos agrada
c'ab tals doas domnas mi aves nomnada.
Voil qe ·m digaz
cals mais vos plaz
ses cuberta selada,
e ·l mirail on miraz.

Car lo mirailz e no veser descorda
tan mon acord, c'ab pauc vo ·l desacorda,
mas can record so q'el meus noms recorda
en bon acord totz mons pensars s'acorda;
mas del cor pes
on l'aves mes,
qe sa maiso ni borda
no vei, que lui taises.

Espelho-Arnês
da placidez,
ninguém aqui arranha
teu fino amor cortês.

Lombarda ficou espantada, quando ouviu dizerem que Bernat Arnaut tinha de partir sem a ver e mandou as seguintes estrofes:

Para Bernart eu quero ser Bernarda
e por Arnaut Arnauda ser chamada;
e agradeço, senhor, se assim te agrada
me ter com duas donas nominada.
Mas diga já
teu melhor par
(e não me omita nada)
o espelho a te espelhar.

O espelho no não ver tanto discorda
os meus acordes, que me desacorda,
mas eu recordo o nome que recorda
que em bom acordo meu pensar concorda;
cadê, então,
teu coração?
Não vejo casa ou borda:
calou-se o teu rincão.

GUI D'USSEL, BE·M PESA DE VOS

— Gui d'Ussel, be ·m pesa de vos
car vos etz laissatz de chantar;
e car vos i volgra tornar
— per que sabetz d'aitals razos —
vuoill qe ·m digatz si deu far egalmen
dompna per drut, qan lo qier francamen,
— cum el per lieis — tot qant taing ad amor,
segon los dreitz que tenon l'amador.

— Dompna Na Maria, tenssos
e tot cant cujava laissar,
mas aoras non posc estar
qu'ieu non chant als vostres somos.
E respon vos de la dompna breumen
que per son drut deu far comunalmen
cum el per lieis ses garda de ricor,
qu'en dos amics non deu aver maior.

— Gui, tot so don es cobeitos
deu drutz ab merce demandar,
e dompna deu o autrejar,
mas ben deu esgardar a sazos.

Maria de Ventadorn e Gui d'Ussel — séc. XII-XIII

GUI D'USSEL, SINTO AFLIÇÃO

— Gui d'Ussel, sinto uma aflição
pois você deixou de cantar,
quero ver você retornar,
porque domina neste chão.
Diga se deve uma dama também
dar ao amante num parelho bem
(como ele a ela) todo seu amor
segundo as leis que detém o amador.

— Senhora Maria, a tensão
e todo o mais quero largar,
mas sei que jamais vou ficar
sem cantar por tua intenção.
Breve respondo, como já me vem,
que por igual à dama bem convém
tratar amante, tenha ou não honor,
pra que entre os dois nenhum seja maior.

— Gui, mesmo a maior ambição
o amante deve demandar
e a dama pode lhe entregar
conforme cada ocasião,

E ·l drutz deu far precs e comandamen
cum per amiga a per dompna eissamen,
e ·il dompna deu a son drut far honor
cum ad amic, mas non cum a seignor.

— Dompna, sai dizon demest nos
que — pois que dompna vol amar —
engalmen deu son drut onrar,
pois engalmen son amoros.
E s'esdeven que l'am plus finamen,
e ·ls faichs, e ·ls dichs en deu far aparen,
e si ell' a fals cor ni trichador,
ab bel semblan deu cobrir sa follor.

— Gui d'Ussel, ges d'aitals razos
non son li drut al comenssar;
anz ditz chascus — qan vol prejar —
mans iointas e de genolos:
"Dompna, voillatz qe ·us serva franchamen
cum lo vostr'om;" — et ella enaissi ·l pren.
Eu vo ·l iutge per dreich a trahitor
si ·s rend pariers e ·s det per servidor.

— Dompna, so es plaitz vergoignos
ad ops de dompna razonar
que cellui non teigna per par
ab cui a faich un cor de dos.

o amante deve dar preces a quem
for sua amiga e dama sem porém,
e a dama a seu amante ceda honor,
mas como amigo, e não como senhor.

— Dona, na minha região
dizem que a dama que há de amar
deve logo se emparelhar,
pois pares são nessa paixão;
e se mais fino o fino amor lhe vem,
que mostre em dito e feito o quanto tem;
mas se seu peito é falso enganador,
num belo rosto esconda o despudor.

— Gui d'Ussel, não vejo razão
pra assim o amante começar;
mas se ele diz ao cortejar,
quando junta joelho e mão:
"Senhora, aceite servo e palafrém
como vassalo", e ela diz "Amém!"
Na certa eu julgo réu e traidor
quem, sendo igual, se mostra servidor.

— Dama, dá vergonha a oração
duma senhora a pleitear
que nunca seja igual e par
quem de dois faz um coração.

O vos diretz — e no ·us estara gen —
que ·l drutz la deu amar plus finamen,
o vos diretz qu'il son par entre lor,
que ren no ·il deu lo drutz mas per amor.

Ou vá você dizer (e não cai bem)
que amante deve sempre amar além,
ou diga então que pares vão compor,
pois o amante lhe deve por amor.

AMICS, EN GRAN COSSIRIER

— Amics, en gran cossirier
suy per vos et en greu pena,
e del mal q'ieu en sufier
non cre que vos sentatz guaire.
Doncx per que ·us metetz amaire
pus a me laissatz tot lo mal?
Qar abduy no ·l partem egal?

— Don', Amors a tal mestier
pus dos amicx encadena,
que ·l mal q'an e l'alegrier
sen quecx a son veiaire,
q'ieu pens — e non suy guabaire —
que la dura dolor coral
ai ieu tota a mon cabal.

— Amicx, s'acsetz un cartier
de la dolor que ·m malmena
ben viratz mon encombrier,
mas no ·us cal del mieu dan guaire
que — quar no m'en puesc estraire —
cum que ·m an, vos es cominal,
an me ben o mal atretal.

AMIGO, GRANDE AFLIÇÃO

— Amigo, grande aflição
sinto por você e a pena
que atormenta na paixão,
mas você não sente nada.
Finge que me quer amada,
mas em mim deixa todo mal,
sem procurar partilha igual?

— Dona, amor tem tal função
se nos põe na mesma cena,
chegam prazer e aguilhão,
cada um tem sua visada;
penso, sem fazer piada,
que dor no coração fatal
hoje cai no meu cabedal.

— Amigo, a quarta porção
desta dor que sinto plena
já te daria a noção;
não te importa eu ser lesada
sem poder ser afastada:
daria o mesmo, tal e qual,
se eu estivesse bem ou mal.

— Dompna, quar yst lauzengier
que m'an tout sen et alena
son vostr'anguoyssos gerrier
lays m'en, no per talan vaire,
quar no ·us suy pres; qu'ab lur braire
vos han bastit tal ioc mortal
que no iauzem iauzen iornal.

— Amicx, nul gratz no ·us refier
quar ia ·l mieus ditz vos refrena
de vezer me, que ·us enqier;
e si vos faitz plus guardaire
del mieu qez ieu non vuelh faire,
be ·us tenc per sobreplus leyal
que no son silh de l'Espital.

— Dona, ieu tem a sobrier
qu'aur perdi e vos arena,
que per dig de lauzengier
nostr'amor tornes en caire;
per so dey tener en guaire
trop plus que vos, per Sanh Marsal,
quar etz la res que mais me val.

— Amicx, tan vos sai leugier
en fait d' amoroza mena,
q'ieu cug que de cavallier
siatz devengutz camjayre,

— Dona, um delator bufão
do bom senso me aliena:
inimigo e maldição
(não vã mudança de estrada)
é que me afastam, e a cada
passo traçam jogo mortal,
nem deixam um dia ideal.

— Amigo, sem gratidão
fico se isso te condena
a não ver teu coração.
Se você der boa guarda
à dor desta desgraçada,
sei que seria mais leal
que os cavaleiros do Hospital.

— Dona, se perco ouro em grão,
você perde pó de arena,
e por culpa dum bufão
a paixão é extraviada.
Hoje devo manter guarda
mais que você, por São Marçal:
tenho em você meu bem total.

— Amigo, a tua visão
é leviana e pequena,
o cavaleiro de então
hoje é cambista de nada,

e deg vos o ben retraire,
quar ben paretz que pessetz d'al
pos del mieu pensamen no ·us cal.

— Dona, ia mais esparvier
non port ni cas ab cerena
s'anc pueys que ·m detz ioi entier
fui de nulh'autr'enquistaire,
ni no suy aital bauzaire;
mas per enveia ·l deslial
m'o alevon e ·m fan venal.

— Amics, creirai vos per aital
q'aissi ·us aya tostemps leyal.

— Dona, aissi m'auretz leyal
que ia mais non pensarai d' al.

justo é que leve a lapada,
se hoje pensa noutro local,
e o meu sofrimento é normal.

— Dona, nenhum gavião
carrego na caça terrena,
e, tendo teu gozo em mão,
nunca armei amasiada,
nem arranjo engambelada,
mas por inveja um desleal
me pinta de vil e venal.

— Amigo, acredito afinal:
só me seja sempre leal.

— Dona, serei sempre leal,
nem pensarei noutro local.

Posfácio

Se a tradução de poesia sempre gerou discussão teórica específica por seu desafio, ao ponto de, por vezes, ser ela o centro das questões de linguagem mais instigantes de todo processo tradutório, penso que, quando estamos diante de uma obra híbrida entre a oralidade e a escrita, é possível levar os postulados da poética tradutória ainda mais longe, um desafio sobre o qual venho me debruçando na última década em frentes variadas. Não vou aqui me alongar em pontos que já contemplei em outros momentos, como ao comentar Bertran de Born (Flores, 2014), mas apenas ressalvo que é possível partir de trabalhos primorosos como os de Augusto de Campos (1978, 1987 e 2003) e o também importante de Arnaldo Saraiva (Guilherme IX de Aquitânia, 2009), que consideraram métrica e rima como parâmetros poéticos da escrita, para buscar verter as características do canto. Os dois recriaram os modelos de monorrima, rima emparelhada, rima estrófica etc. que apareciam nas cantigas provençais, porém seguindo as técnicas de rima da poesia moderna, majoritariamente escrita. No intuito de trazer à tona a canção dessas mulheres trovadoras dos séculos XII e

XIII que escreviam para cantar em provençal, busquei mais especificamente manter o exato número de sílabas de cada poema, além do tipo específico de rima (oxítonas/masculinas ou paroxítonas/femininas) de cada caso, que eram e são reguladas pela melodia que as acompanha. Porque, para um *trobador* ou uma *trobairitz*, não estava em jogo o mero rimar, e sim rimar num espaço guiado e regulado e tensionado pela música. Um dos exemplos mais notáveis desse tipo de empreitada tradutória são as traduções que Ezra Pound fez de toda a poesia de Arnaut Daniel (cf. Capelli, 2018), mantendo todos os aspectos necessários para um verdadeiro *contrafactum* musical, mesmo quando não nos chegou melodia para o texto. Numa espécie de sonho utópico, tentei traduzir todos os poemas segundo as mesmas regras, até quando não havia mais melodia, por reconhecer nessa transmissão escrita uma prática e um rastro da performance vocal que a todo instante nos convida de novo à reperformance, seja pela sorte da aparição de uma melodia até então perdida, seja pelo desafio de musicar novamente um poema.

Na verdade, fora dos livros internacionais dedicados especificamente às *trobairitz*, elas sempre apareceram pouco no Brasil, e basicamente pelo viés da poética. Para se ter uma ideia dos casos gerais, basta lembrar que, na imensa antologia em três tomos preparada por Martín de Riquer, *Los trovadores* (1999), apenas três delas são apresentadas (Azalais de Porcairagues, Castelloza e Comtessa de Dia), totalizando seis *cansos*, além das *tensos* com homens, que aparecem sob o nome exclusivo de Giraut de Bornelh (com Alamanda) e de Gui de Cavalhon (com a Comtessa de Provença).

Quero aqui apresentar as *trobairitz* não apenas como mulheres que por acaso estavam produzindo no período trovadoresco, mas como poetas dignas de nota por si, compositoras do quilate da Comtessa de Dia e de Castelloza, que produziram verdadeiras joias da poesia vocal de seu tempo, sem precisarmos fazer qualquer tipo de concessão. Torço, verdadeiramente, para que, mais adiante, possamos ter todos esses cantos em português. Em poesia, como vivência dessa poética. Por enquanto, este livro é uma modesta apresentação e, como tal, precisa dar alguns dados básicos sobre o universo da poesia trovadoresca provençal, para abrir o pensamento às especificidades do canto feminino.

As trobairitz

Apesar de *trobairitz* ser o termo moderno mais difundido para designar as mulheres trovadoras do período provençal (um ciclo cultural complexo que se estendeu do séc. XII ao XIV por boa parte da Europa), ele é na verdade um *hapax legomenon*, termo que aparece apenas uma vez em todo o *corpus* da língua occitânica medieval, e mais: não se encontra numa *canso*, mas sim no romance de *Flamenca*, quando a própria Flamenca responde a Margarida, quando esta propõe uma carta destinada ao seu amado, Guilhem, dizendo à jovem *e ja iest bona trobairis* ("você já é boa trobairitz"). Como observa

Pierre Bec (2013), o termo mais esperado, do ponto de vista morfológico, para o feminino de *trobador* seria *troveresse*, mas esse termo nunca aparece, e é possível pensar que nunca houve, de fato, uma denominação específica para esse grupo de mulheres que também passou a compor poesia cantada. Poderíamos, quem sabe, jogar com essa duplicidade morfológica e cunhar, em vez do esperado "trovadora", o termo "trovatriz", que encena em seu nome um quê de "atriz" que se demanda de toda criação poética. Mas esses desdobramentos ficam para outro momento. Aqui seguiremos com esse termo único que vai se proliferando por guardar a especificidade cultural das *trobairitz*.

Isso se dá porque, mesmo com tamanha lacuna denominativa, é curioso ver como, dos cerca de noventa e cinco manuscritos medievais dos cancioneiros que nos chegaram, vinte oito transmitem obras de *trobairitz*, ou seja, cantigas em que a persona feminina canta por um ponto de vista diverso daquele do *trobador*. Desses manuscritos, ainda mais interessantes são os cancioneiros italianos e catalães dos séculos XIII e XIV, que apresentam tendência a reuni-las como uma produção dotada de coerência interna digna de destaque. Nesse aspecto, se lhes faltava quase sempre um nome específico, não faltou interesse em tentar perceber sua especificidade; se não no período de escrita dos cancioneiros, ao menos cerca de cem anos depois da produção da maioria dessas compositoras. Ainda assim, continuamos numa situação triste de conhecimento esparso e parco sobre essas obras, pois esse interesse antológico foi, na verdade, muito maior do que o das *vidas* e *razos* que transmitem quase tudo (e muito pouco) que costumamos saber sobre o contexto e as vidas dos trovadores do período — atente-se que, quase sempre, essas obras paratextuais basicamente incorporavam à biografia do e da poeta assuntos que já aparecem em sua poesia, num gesto que (deliberadamente?) confunde vida e obra. Dessa forma, mesmo ao reunir os cantos femininos, os cancioneiros muitas vezes apenas nos oferecem um nome de mulher como autora sem maiores explicações, ou apenas parte do nome, ou mesmo a simples designação de *domna* ("dona", "dama", "senhora"), seguido ou não da inicial do nome da compositora. Por isso, algumas peças permanecem anônimas, ou apresentam autorias que não passam da mera nomenclatura esvaziada de contexto.

Pior ainda é a transmissão das melodias:

Apenas uma *canso* amorosa nos chegou com poema e melodia, *A chantar*, da Comtessa de Dia.

Apenas uma *tenso* (canto dialogado), entre Giraut de Bornelh e Alamanda d'Estanc.

O *sirventes* de Gormonda de Monspelier provavelmente usava melodia de uma obra anterior, conforme a regra da poética satírica do *sirventes* como um *contrafactum*, muitas vezes paródico, da peça anterior, assim incorporando seus esquemas rítmicos, rímicos e melódicos; no caso dela, é certo que se embasou no *sirventes* de Guilhem Figueiras, que realizava um violento ataque contra Roma enquanto defendia os modos de vida dos cátaros; porém aqui o jogo é curioso, já que o *sirventes* de Figueiras, que nos chegou com notação, teria já feito por empréstimo de outra melodia anterior, uma *canso*; por isso, nesse jogo de reutilizações melódicas muito singular da cultura oral, podemos atribuir uma melodia ao *sirventes* de Gormonda.

Por fim, a *tenso* de Maria de Ventadorn e Gui d'Ussel chegou a receber o espaço para escrita musical no manuscrito, porém este foi deixado em branco. Aparentemente, também havia muita pressa no fim da Idade Média.

Por causa dessa escassez de dados contextuais e musicais, muitas vezes há grande debate sobre a determinação de uma autoria feminina. Diante dos problemas, poderíamos nos perguntar: afinal, se a *canso* é anônima, como ter certeza de que foi mesmo composta por uma mulher? Mesmo nos casos em que aparece um nome, como saber que não se trata de uma ficção masculina? Certamente, com tanta distância histórica, cultural e linguística, não teremos como ter absoluta certeza de todas as autorias; mas a mais recente e completa edição do *corpus* das *trobairitz*, composta por Angelica Rieger, chega ao número final de 46 obras, distribuídas em 20 nomes (número ínfimo entre cerca de 2.500 obras que nos chegaram);[1] além disso, temos também referência nominal a pelo menos mais 17 *trobairitz* cujas obras não nos chegaram, o que reforça a singularidade de um canto feminino cortês no universo provençal. Com isso, uma coisa é muito certa: a

1 Paden, incorporando três cantos populares, chega ao número de 49 peças.

produção poética feminina foi marcante no período, se comparada ao resto da Europa, mais do que podemos supor na média da Antiguidade e da Idade Média como um todo; ou seja, houve uma verdadeira cultura de letramento, erudição e criação entre mulheres da nobreza, que detinham muito mais liberdade econômica do que a média nos outros lugares, liberdade talvez resguardada pela cultura do catarismo, que contraria, ou ao menos modula, aquela famosa tese de Georges Duby de que a Idade Média seria uma Idade dos homens apenas.[2] Como possível contraste, temos as *troveresses* do norte da França, compositoras em francês antigo que nos chegaram com somente oito nomes acompanhados de obras, além de outras seis apenas mencionadas, já no mundo galaico-português não temos um exemplo sequer;[3] nessa imagem mais global que aparece por contraste, temos um mundo poético feminino ativo, porém surpreendentemente forte entre as *trobairitz*.

2 Cf. Bogin, 1972, "Historical Background", para uma boa introdução sobre o contexto geral e a posição das mulheres na sociedade provençal; e cf. Nelli, 1980, cap. 5, para a influência do catarismo nas liberdades femininas. O próprio Duby nos mostra casos bastante singulares, como o de Heloísa e de Juette, ou em outros momentos conclusivos (2013:112).

3 Cf. Doss-Quinby *et alii*, 2001, a *troveresse* Maroie de Diergnau é a única que detém mais de uma canção.

Uma poética feminina?

Mas quais são as especificidades dessa poética feminina, seja ela biológico-sexual, genérico-performativa, ou puramente ficcional? O fato é que, independente de eu-lírico ou gênero literário, a poesia trovadoresca é bastante codificada e regrada, e mesmo as *trobairitz* seguem a maior parte das regras aplicadas tradicionalmente ao universo masculino; em geral, as marcas são muito sutis, para além da obviedade da persona feminina no poema. Alguns dos principais recursos discursivos da feminilidade occitânica são estudados em minúcia por Esther Ouellet (2003) e por Aguilera (2012) em trabalhos de fôlego que podem interessar sobretudo aos especialistas, porém creio que o resumo de Pierre Bec seja o mais adequado para nós. A partir das notas concisas de Bec em contraste com Rieger (2015) e as outras duas autoras mencionadas, percebo sete diferenças fundamentais, que têm a potência de desmontar o símbolo de fino amor construído pelos homens e instaurar fissuras, mesmo que ainda dentro do mesmo jogo:

Ausência de poéticas ligadas à virtuose do *trobar clus* e do *trobar ric*, o que resulta num *corpus* poético mais voltado a sutilezas, que pouco ou nada deve aos representantes masculinos do *trobar leu*, por exemplo, no que diz respeito às repetições, tais como estudadas por Smith (1970).

Com exceção de *Ar em al freg temps vengut*, de Azalais de Porcairagues, não vemos a tradicional abertura sazonal, com imagens de inverno e primavera, mas sim um desenho direto dos afetos líricos.

Encontramos com frequência, sobretudo nas *tensos*, uma mulher que serve de mediadora entre dois amantes, ou como conselheira a outra mulher mais nova, enquanto nos cantos masculinos o poeta se dirige quase sempre diretamente à amada.

Embora haja muitas referências ao canto ligado ao sofrimento e ao gozo amoroso, nenhuma das nossas compositoras enfatiza o *trobar*, tal como não se designa por *trobairitz*, ao passo que os homens costumeiramente dão destaque a si mesmos como *trobador* ou *chantador*; nesse sentido, as figuras femininas chamam menos atenção para o artesanato da poesia que realizam e assim marcam seu estatuto mais elevado na sociedade (não dependem de trovar para pagar as contas), ao mesmo tempo em que conseguem maior "efeito de sinceridade". A metapoesia, nesses casos, é implícita ou mesmo alegórica.

Por certo, as mulheres mantêm o mesmo código de subserviência amorosa que encontramos na poesia masculina: se lá o homem trovador, e por vezes jogral, se mostra submisso à alta dama em seu amor, aqui a mulher é que se submete ao cavaleiro amado;[4] no entanto há uma diferença crucial,

4 O caso de maior consciência desse dilema ético e estético no contexto das elites medievais parece vir de Castelloza, por tratar o problema da expressão feminina numa sociedade dominada por códigos masculinos. Também numa *tenso* entre Bernart de Ventadorn e Peirol d'Auvernha, Bernart afirma que as damas *ans sostengran tan gran pena/ q'elas nos feir an tan d'onor/ q'ans nos prejaran que nos lor* ("sofreriam grande pena/ se nos chamassem com

que é o fato de as *trobairitz*, por de fato ocuparem a camada mais nobre da sociedade, por vezes lembrarem seus amados de como eles é que estão abaixo na hierarquia da corte; o que é bem notável pela recorrência em tratar o amado por *amics* ("amigo"), mas a si mesma por *domna* ("senhora"), o que também a leva a tratar o amado como *chevalier* ("cavaleiro").[5]

A posição do marido recebe nova atenção: se, na poesia masculina, ele é a figura ausente e rival do trovador, na feminina, ele é o não-amado por excelência, embora represente papel fundamental na nobreza da *trobairitz*.

O dever de *celar* ("ocultar") seu amor, tão frequente entre os trovadores, se inverte ao ponto de quase ostentação entre as *trobairitz*, que não só contam seus afetos como ainda justificam os valores do amado que as levam a escolher seu amor; nesse aspecto, a noção de certa "escolha" amorosa é outro

---

louvor/ como o que damos por amor"); ao que responde Peirol *Bernart, ço non es d'avinen/ qe domnas prejon; ans cove/ q'om las prec e lor clam merce* ("Bernart, não é coisa de bem/ que essas senhoras chamem, mas/ que o homem chame graças tais").

5 Isso é ainda mais visível nas *tensos*, quando os homens tratam as amadas por *domna*, e estas os tratam pelos nomes, quase sempre sem qualquer título honorífico, ou simplesmente por *amics*. Outro ponto importante poderia ser a prática de *assag* ou *assai* ("teste"), uma hipótese interessante e discutível proposta por René Nelli (1974), quando a mulher testaria sexualmente (Nelli designa *concubitus sine actu*, "deitar sem coito") o amor do amigo, para saber se seria apenas carnal ou se comportaria também um viés transcendental do *fin'amor*.

ponto de divergência: os homens são tomados pelo amor, enquanto as mulheres selecionam seus amados.

Em todos os casos, é importante notar que, pela relação biográfica dos nomes autorais e por sua posição de nobreza, toda a produção amorosa das mulheres provençais, apesar de preceder e dialogar com nossas cantigas de amigo galaico-portuguesas, realiza um acontecimento estético e ético de ordem muito diversa. Note-se que essas diferenças se aplicam apenas nas *cansos* e, em parte, nas *tensos*; mas no caso do *sirventes* das duas anônimas e de Gormonda de Monpeslier, por se tratar de poesia satírica e tradicionalmente impessoal, nada do código amoroso aparece; no caso dela, podemos dizer que quase nada indica uma feminilidade que se oporia à tradição masculina com a qual dialoga, fora o tema.

Uma terminologia

As *trobairitz* usam boa parte do vocabulário estabelecido pela poética masculina, de certo pendor abstrato e até conceitual, mas que pode remeter ao corpo. Vou aqui apresentar muito brevemente alguns desses conceitos que atravessam a poesia provençal e conformam suas tensões. Como atenta Riquer, esse vocabulário deriva de grande parte da linguagem jurídica feudal e de termos da patrística e da exegética bíblica (atente-se que, de canto a canto, as grafias mudam muito para cada palavra):

amor, embora o termo pareça totalmente transparente para nós, ele aparecia também em latim com o sentido jurídico para indicar um pacto, ou aliança, até mesmo um favor, ou seja, estava diretamente ligado à noção de vassalagem.

cavalier, ou "cavaleiro", indica não apenas a vida com o cavalo e sua função bélica na tripartição do mundo feudal, mas todo um imaginário de nobreza a isso ligado e que se expressou largamente nos romances de cavalaria.

cortezia, a "cortesia" de quem habita as cortes feudais, indica um conjunto amplo, porém concreto de valores rumo a um ideal de perfeição social e moral da elite rural, por oposição à *vilania*, a "rusticidade" dos pobres campesinos.

domna é um termo que podemos traduzir por "dama" "senhora", "dona", ou mesmo "matrona", porque indica a mulher casada com alto ranque social, aspecto central de quase toda poesia amorosa provençal.

ensenhamen significa "cultura", "erudição", indicando a formação letrada das elites; como vemos, apesar de ser dominada pelos homens, não foi uma exclusividade.

fin'amor, que sempre verto por "fino amor", é o conjunto das práticas de vassalagem amorosa que vamos vendo ao longo desta lista, implica portanto a ideia de pureza e idealização que está em *fin'* ao mesmo tempo em que desvela seu caráter de corte, donde o nome mais conhecido em português como "amor cortês".

honor, que quase sempre verto por "honor" ou "honra" é, muitas vezes, o patrimônio territorial; nesse ponto vemos como economia e ordem social se vinculam a uma organização dos títulos morais.

joi ou *ioi* é um conceito-chave, pois, se designa "alegria" e "júbilo", por outro lado, é um termo que remete a "gozo" em todas as suas acepções em português, por ser derivado de *gaudium* em latim. Desse modo, como há outras palavras da língua occitânica para designar alegria e prazer, sempre verto como "gozo", sabendo que, à primeira ouvida/vista, pode pesar para o público brasileiro; ela dialoga com outro termo derivado de *gaudium*, que é *gaug*. Por vezes, o termo indica a própria pessoa amada como sinédoque do *fin'amor*. Existe uma outra tese que vincula *joi* ao latim *joculum* ("joguinho") e o vincula a *joculare* e a *joglar*, o jogral, uma hipótese também interessante, mas tenta calar as implicações corporais e sexuais que estavam no imaginário da época. Seja como for, *joi* pode até anunciar, mas não pode se confundir plenamente com *fach*, que é o sexo propriamente dito.

joven significa "juventude" (costumo verter por "viço") e designa uma série de qualidades independentes da idade; assim, o viço é um modo de ser *joves*, por oposição aos vícios do *velhs* ("velho"); Riquer atesta que este conceito vago é anterior à poética trovadoresca e pode designar, ao fim e ao cabo, uma "espontaneidade generosa". É comum encontrar a expressão bastante sonora *joi e joves*, que recriei regularmente como "gozo e viço".

lausengier tem o sentido de "lisonjeiro" ou "adulador", mas nestas cantigas indica os delatores dos amores ao senhor e marido (o *gilos*, "ciumento"), assim adulando seu senhor e tentando ascender socialmente na corte; por isso tendo a verter como "delator" ou "caluniador".

largueza ou *larguetat* é "generosidade", por oposição à *avareza* e à *escarcetat* ("mesquinharia"); deriva de *largitio*, uma carta de doação medieval.

merce é a nossa "mercê", no sentido de "graça" ou mesmo da "piedade" e "misericórdia" cristã, derivada das *merces* das relações de vassalagem; assim, ao pedir "mercê" ao ser amado, surge tanto uma relação de suserania quanto de religiosidade, mas não deixa de ecoar o desejo do "favor sexual".

mezura, a "mesura" ou "moderação", deriva de *mensura* em latim tomado de Agostinho, ela está vinculada à justiça e à sensatez.

pretz, ao pé da letra "preço" ou "valor" (derivado do latim *praetium*), aqui assume o sentido moral, por isso tendo a verter como "valor" ou "mérito".

senhal é a "senha" que serve para encobrir o nome verdadeiro da pessoa amada e assim preservar os amados de serem pegos e punidos; em geral aparece no *envoi*, ou envio da canção.

solatz, apesar de designar "consolo", "conforto", é também o prazer do convívio agradável entre iguais; nisso, está próxima de *deport*, a "diversão".

Riquer ainda nos fala dos cinco estágios da relação amorosa, dando os primeiros quatro como adjetivos do homem: 1. *fenhedor*, o "tímido" que ainda mal se dirige à amada; 2. *pregador*, o "suplicante" que agora a chama com frequência, sem conseguir grande coisa; 3. *entendedor*, o "namorado" ou "aceito", porque agora pode conversar diretamente com sua amada; e o *drutz*, "amante" que vive um amor recíproco. Ao fim dessa série, resta *fach*, o "feito", ou seja, o sexo, que apesar de físico implica considerações metafísicas. Nenhum desses termos é regular na poesia das *trobairitz*, e talvez apontem mais para o tipo de sistematização em latim feita por André Capelão, mas julgo interessante pensar nessas cinco fases para imaginar os contextos produzidos por cada *canso*.

Por fim, como notam Bruckner *et alii* (2000), há na poesia das *trobairitz* uma ênfase muito maior do que no *corpus* masculino sobre o problema da fidelidade e da confiança entre os amantes, que se desdobram em palavras como *falhimen* ("falta", "ofensa", "erro") e *fe* ("fé", "lealdade", "fidelidade") e em variantes da ideia de traição. Esse pensamento é, por sua vez, contrastado com a representação muito mais direta do desejo (ainda que protegida por algumas ambiguidades), como no caso da primeira estrofe de *Estat ai en greu cossirier*, da Comtessa de Dia, em oposição às visões mais idealizadas e assexuadas da senhora que tantas vezes encontramos na poesia masculina.

Práticas da performance

Nós costumamos marcar o início da poesia trovadoresca com a produção de Guilhem IX de Peitieus (1071-1126), duque de Aquitânia, em geral numa narrativa hipotética de que ele conseguiu reunir um conhecimento combinado de música e poesia moura nas Cruzadas, além da cultura mozárabe já difundida no sul da Europa e na Península Ibérica, para dar início às suas *cansos*. Jacques Le Goff (1985, cap. 1) comenta como o ocidente cristão tinha uma vida econômica muito mais precária do que o oriente bizantino ou o universo muçulmano, para concluirmos que essas importações culturais tinham um movimento muito diverso do que os clichês contemporâneos de oriente e ocidente nos sugerem.

Embora a canção de amor seja o gênero mais famoso e difundido da época, temos exemplos de uma longuíssima série de gêneros e subgêneros, tais como *sirventes*, *tenso*, *salutz*, *planh*, que encontramos aqui, além de outros como *alba*, *pastorela* etc. Mais importante do que definir os detalhes da poética trovadoresca (tema que pode ser conferido com detalhes em português em Spina, 2009) num texto introdutório como este, é marcar a importância da cultura oral na construção e difusão dos textos.[6]

Em primeiro lugar, embora haja exceções, a poética trovadoresca é um acontecimento das elites em diálogo com a cultura popular; mais precisamente, ela é um desses muitos borrões em que a dicotomia erudito x popular se mostra insuficiente. Mas ela guardava, sim, marcas de seu contexto: por exemplo, existe uma divisão razoavelmente forte entre

6 Apenas como exemplo, seria possível discutir como o trovadorismo está em parte na origem da polifonia e dos motetos que vão se espalhar nos séculos subsequentes.

trobador (trovador) e *ioglar* (jogral): o primeiro é aquele que encontra, inventa e compõe, portanto "trova" uma canção (com o sentido de *trobar* como *inuenio* em latim, um "encontrar" que é um "inventar"), é aquele que assume sua autoria e a marca com sua assinatura, muitas vezes usando o nome real, como em tantos casos de Arnaut Daniel (*ieu sui Arnautz qu'amas l'aura*, "eu sou Arnaut, que amasso a brisa" ou "eu sou Arnaut, que amo Laura"), fundindo vida e obra; já o segundo é o intérprete dessas canções, aquele que mais circulava pelo mundo europeu do trovadorismo, em cortes, claro, mas também em feiras, praças, e que muitas vezes aparece no *envoi* da canção.

Aqui temos a primeira complicação: o trovador, quando não era ele próprio um nobre com seus súditos, também circulava pelas cortes, por vezes era convidado a ficar junto a um nobre para produzir e entreter a elite local e assim trazer valor simbólico para o senhor; noutros casos, viajava a pequenos convites, por prazos menores; por isso, alguns dos trovadores eram eles próprios jograis, capazes de realizar uma lista longa de canções próprias e alheias em ambientes diversos. No entanto os jograis não participavam da mais alta elite, então podemos saber que, no mais das vezes, um trovador-jogral era o caso de um compositor de classe mais baixa capaz de se lançar na poética preferida pela elite, enquanto o trovador tradicional, como membro de elite, participava mais da produção intelectual da canção do que de sua execução.

Ao que chegamos à segunda complicação, que é da ordem da performance. Em qualquer lugar que o jogral ou trovador-jogral apresentasse canções, ele precisava estabelecer um performativo instável, de se tornar ele próprio o autor das canções. Em outras palavras, o jogral (como todo intérprete, se considerarmos a questão de modo mais amplo), ao cantar a peça de um trovador, precisa assumir a voz e tornar-se o trovador anunciado, e não apenas ser um portador da mensagem. Há aqui uma clara poética da tradução como performance em germe, que já tentei desdobrar numa série de problemas performáticos em *Algo infiel*, que escrevi em parceria com Rodrigo Tadeu Gonçalves (2017); no entanto o problema pode ficar ainda menos fácil. No caso das *trobairitz*, temos também exemplos de trovadora-jogral e dados a respeito das mulheres que cantavam na Idade Média (cf. Bruckner *et alii*, 2000), além de vermos afrescos e vitrais nos mostrando a presença feminina na música laica, apesar de amiúde ser vetada no espaço dos cantos religiosos. Se, como eu disse, notamos que as *trobairitz* de fato pertenciam à mais alta elite, fica fácil compreender porque não costumavam ser jograis em senso estrito, embora pudessem tocar e compor com habilidade para seu próprio círculo; por outro lado, até hoje é difícil determinar de que modo circularam suas *cansos*, se elas não estavam plenamente inseridas no sistema tradicional do *trobador-joglar*. Com certeza, em momentos privados, algumas dessas damas podiam se apresentar cantando e tocando, mas foi majoritariamente no ambiente impessoal e público dos jograis que essa poesia sobreviveu por muito tempo até ser grafada nos cancioneiros, em geral, cerca de um século depois do auge da produção. Como conclusão inevitável, devemos imaginar que o jogral, tantas vezes homem, tal como quando servia a um *trobador*, devia tornar-se mulher, a *domna trobairitz* que compôs e assinou a canção, ou mais precisamente, deveria assumir a persona feminina do canto em jogo, que poderia ser criado ficcionalmente por homem ou mulher; nessas horas um efeito curioso pode acontecer na *tornada*, quando o jogral é evocado: toda vez que isso acontece, o performer se desdobra em ser trovador/trovatriz e jogral, compositor(a) e aprendiz, remetente e mensageiro, mulher e homem.

Assim, o tradutor, ainda mais se ousa performar as canções, como não poderia deixar de ser, produz uma dobra a mais nessa trama de vozes, dando à voz o texto de quem trova e as potências de um jogral. Espero, com isso, que este livrinho contribua para uma ampliação significativa desse corpo de *cansos*, já que até o momento conheço apenas uma tradução publicada em livro no Brasil, a saber, a versão de *A chantar*, por Segismundo Spina (1972), em prosa. Nesta re-performance, apesar de certo olho constante nos especialistas que pude consultar, sigo a margem da margem do maistre Augusto de Campos; como ele, peço e proponho mais provençais, desdobrando-os em sonho de canto. Gosto mesmo de poder dizer que a tradução de *A chantar* da Comtessa de Dia é hoje uma peça fundamental nas apresentações do grupo Pecora Loca, do qual faço parte desde a fundação, em 2015. À *canso*, que aqui traduzo e escrevo, se responde mais potencialmente com a canção. Ou melhor dizendo, com a transcanção, canto escandido, canto atravessado de vozes, canto de criação.[7]

Nesses movimentos provençais de performance e reperformance, como bem observa Gérard Le Vot (em Rosenberg *et alii*, 1998), os jograis acabavam por realizar, intencionalmente ou não, alterações, tanto no texto como na melodia das peças que eles apresentavam, uma potência que se desdobra para o presente na invenção de melodias para os textos, por exemplo, ou na reexecução das melodias que nos chegaram. Isso gera, por vezes, diferenças nos manuscritos que apresentam uma mesma peça e nos leva a pensar que a performance é um verdadeiro movimento de autoria, ainda que por vezes discreto, na medida mesmo em que altera a materialidade da *canso* (cf. Zumthor [1972 e 2001]). É essa complexa camada de criações – a que se acrescentam as edições modernas, com conjeturas novas – que resulta no texto que podemos ouvir, ler e traduzir hoje, que podemos desdobrar em canções hoje. Este livro e seus desdobramentos na voz, espero, realizam uma performance a mais, ao mesmo tempo em que podem servir como partitura sonhada das performances por vir.

7 A conceituação de transcanção está no trabalho de mestrado de Fernando Villatore, que venho tive a alegria de orientar e que agora está publicado em livro (2021).

Notas

A edição usada para o texto provençal é a do trabalho monumental de Angelica Rieger (2015), porém faço uso de espaçamentos para diferenciar, tanto quanto possível, os vários tipos de verso de uma mesma obra. A seguir, apresento as notas por ordem de autoria.

CANSOS

Azalais de Porcairagues

séc. XII

O pouquíssimo que sabemos sobre Azalais está em sua breve *vida*, que traduzo abaixo, e dela temos apenas uma canção conservada. Parece ser originária de Portiragnes, na segunda metade do séc. XII, e seu amado então seria o famoso trovador Raimbaut d'Aurenga (*c.* 1147-1173), que teria composto uma série de peças para ela. No entanto a *vida* apresenta apenas o primo de Raimbaut, Gui Guerrejat (*c.* 1140-1178), como seu amado. Bec considera, pelas iluminuras que temos de Azalais, que ela era considerada como a terceira maior *trobairitz*, abaixo apenas da Comtessa de Dia e de Castelloza. Segue abaixo sua *vida*:

> Azalais de Porcairagues era da comarca de Montpellier, dama gentil e culta.
>
> Se apaixonou por Gui Guerrejat, irmão de Guilhems de Monpeslier. E a dama sabia trovar e fez para ele muitas belas canções.

> *N'Azalais de Porcarages si fo de l'encontrada de Monpeslier, gentils domna et enseignada.*
>
> *Et enamoret se d'En Gui Guerrejat, qu'era fraire d'En Guillem de Monpeslier. E la domna si sabia trobar, e fez de lui mantas bonas cansos.*

Os versos 1-8 desta *canso* fazem a única abertura sazonal que nos chegou de todo o *corpus* da poesia trovadoresca feminina. Os vv. 33-40 são a principal base para a hipótese de Nelli sobre o *assag* ("teste", comentado em nota na introdução geral). A referência a Velay não é clara. Narbona, na última estrofe, é clara referência a Ermengarda de Narbona (1143-1192), famosa patrona de trovadores; e o Jogral já foi interpretado como *senhal* de Raimbaut d'Aurenga.

Bieiris de Romans

séc. XII-XIII

Nada sabemos de Bieiris (ou Bietris) de Romans, pela ausência de uma *vida* e de mais dados para além desta única *canso* que nos chegou. Apenas que era originária de Romans, perto de Montélimar. Esse poema atribuído a Bieiris vem gerando longo problema interpretativo, por ser o único caso de poema trovadoresco de mulher para mulher que segue a tradição masculina dos poemas de amor. Para evitar o lesbianismo, alguns julgaram que seria uma poema de Santa Maria (como tantos da tradição galaica-portuguesa), no entanto a tópica amorosa parece ser muito mais evidente que um conteúdo místico; houve ainda a sugestão de que o nome Bieiris seria apenas uma máscara de um trovador homem (no caso, Gui d'Ussel, *c.* 1170-1209), ou que a *canso* na verdade estaria na voz masculina, apesar de escrita por uma mulher; sugestões forçadas diante do incômodo gerado pelo poema. Por outro lado, contra a tese de lesbianismo *tout court*, boa parte dos estudiosos seguem hoje a tese de Angelica Rieger de que os modos de tratamento entre mulheres da época seriam muito próximos do que temos aqui descrito e que, dessa forma, não teríamos de fato um poema amoroso, mas uma relação de amizade ente duas mulheres.

Da minha parte, penso que, ao se utilizar da tópica erótica masculina, o poema performa um amor entre mulheres, mesmo que fique nos limites da convenção, sem tornar absolutamente explícito seu conteúdo. Assim, em vez de determinar o uso original do poema e seu fundamento histórico e biográfico, parece-me mais interessante ver o que o poema de fato faz, já que se trata de um caso absolutamente singular no *corpus* do trovadorismo.

Castelloza
séc. XIII

Tudo que sabemos de Castelloza (ou Castelosa) vem de sua *vida*; nela lemos que seria esposa de Turc de Mairona, figura citada num *sirventes* de Dalfin d'Alvernhe (*c.* 1155-1235), então ela seria casada com um homem originário da atual Meyronne, que ganhou o apelido de "Turco" por sua violência nas cruzadas. Também é possível notar que ela imita alguns traços da poética de Peirol (*c.* 1160-*c.* 1225), trovador da mesma região. Com esses dados cruzados, em geral, os estudiosos situam seu *floruit* no começo do séc. XIII; no entanto nada sabemos sobre quem seria Arman de Breon (atual Brion, nome nobre). Por fim, há quem tenha visto no seu nome a indicação de origem para Castel d'Oze ou Casteldauze, mas nada é comprovado. Como resultado, podemos até mesmo questionar se o nome da *trobairitz* não seria um *senhal* para esconder sua identidade real. Eis o que lemos em sua *vida:*

> Dona Castelloza era de Auvergne, nobre dama, esposa de Turc de Mairona. E amou Arman de Breon e fez sobre ele suas canções. E era dama muito alegre e muito culta e muito bela.
>
> E aqui estão escritas algumas das suas canções.

Na Casteloza si do d'Alvergne, gentils domna, moillier del Turc de Mairona. Et ama N'Arman de Breon e fez de lui sas cansos. Et era domna mout gaia e mout enseignada e mout bella.

Et aqui son escriptas de las soas cansos.

Outra *vida*, de Pons de Merindol (séc. XII-XIII), afirma que este trovador teria se apaixonado por Castelloza, mas é pouco confiável.

Das obras que nos chegaram, três são atribuições diretas dos cancioneiros medievais, e uma era *canso* anônima que passou modernamente a ser atribuída a Castelloza. Nesses poemas, um aspecto peculiar surge: em vez de escrever como a mulher que deseja e aguarda seu amado, como a Comtessa de Dia, Castelloza inverte os papéis e assume o lugar do trovador masculino para buscar ativamente seu amado.

JÁ NEM DEVIA MAIS BUSCAR CANÇÃO

Em alguns manuscritos, na penúltima estrofe, lê-se Domna N'Almucs, talvez referência à *trobairitz* Almuc de Castelnou. "Dona Melhor" (*Na Mieils*) é certamente *senhal* de uma dama a quem a *canso* é enviada; assim como "Bel-Nome" (*Bels Noms*) serve para designar o amigo anônimo. Neste ponto, me afasto da edição de Rieger.

MESMO QUE UM GOZO O AMOR VENHA

Esta *canso* aparece no manuscrito indicada como anônima, mas é hoje considerada quase indiscutivelmente como de Castelloza.

"Enriquece-me" é um recurso rímico tirado do cancioneiro de língua portuguesa, cf. nota ao poema *tenso* de Comtessa de Proensa e Gui de Cavalhon.

Clara d'Anduza

séc. XIII

Nada sabemos de Clara d'Anduza, porém numa *razo* de Uc de Saint Circ (*fl.* 1217-1253) lemos que ele teria amado certa Clara, que por muitos é compreendida como sua amante. Assim lemos o trecho:

> Uc de Saint Circ amava uma senhora que tinha o nome de dona Clara. Era muito engenhosa e culta e gentil e bela, e tinha muitoa ambição de ser ouvida de longe e de perto e de ter amizade e convívio com boas damas e valentes homens. E Uc percebeu a ambição dela e soube bem servi-la do jeito que ela mais queria; de modo que não havia uma boa dama naquela comarca com a qual ela não tivesse amor e convívio, e não lhe mandasse cartas e saudações e presentes, por acordo e por honra. E Uc escrevia belas cartas das respostas, convenientes às damas pela sua atenção. E ela aceitava a cortesia e pretensão de Uc e prometeu cumprir seu direito de amor. E Uc fez muitoas belas canções sobre ela, cortejando-a e louvando seu balor e sua bela. E ela gostava muito das canções que Uc fazia sobre ela. Por um longo tempo durou seu amor, e muitas

gerras e muitas pazes fizeram o dois, como acontece com amores e amadores. [...]

N'Uc de Sant Circ [...] si amava una domna qe avea nom ma domna Clara. Mout fo adrecha et ensenhada e avinenz e bella; et ac gran volontat de pretz et [d']esser auzida loing et pres, e d'aver l'amistat et la domestighesa de las bonas do[m]pnas et dels valenz homes. E N'Uc conoc la volontat d'ella et saup li ben servir d'aiso q'ella plus volia; qe non ac bona dompna en totas aqellas encontradas con qal ell non fezes qe l'agues amor et domestigessa, et no ·ill fezes mandar letras et salutz et joias, per acordansa et per honor. Et N'Uc be fasia las lettras de la[s] responsions qe convenian a faire a las dompnas dels plasers q'ellas li mandavan. Et ella soufria a N'Uc los precs e l'entendimen, e ·ll promes de far plaser en dreit d'amor. E N'Ucs fetz mantas bonas chansos d'ella, pregan leis et lausan sa valor et sa beutat. Et ella si s'abelli mout de las chansos qe N'Uc fasia de leis. Loncs tempos duret lor amors; et mantas guerras et mantas patz feron entre lor, si com s'ave d'amors en amadors.

Assim, seria possível datá-la como contemporânea. O nome "d'Anduza" pode indica proveniência da atual Anduze, ou da estirpe de mesmo nome. Pierre Bec entende que Clara seria uma *trobairitz* famosa em seu tempo, estabelecendo relações com outras autoras, como Azalais d'Altier (talvez essa única *canso* seja uma resposta à peça de d'Altier), além de traçar ecos poéticos com outros trovadores.

Comtessa de Dia

séc. XII-XIII

Também conhecida como Beatritz de Dia, a Comtessa de Dia é sem dúvida a mais impressionante de todas as *trobairitz*, pela potência passional de suas canções e pelo fato de ter a única peça que nos chegou com melodia diretamente atribuída a uma mulher, que é "A chantar". Pouco sabemos sobre ela, embora sua fama tenha gerado uma série variada de histórias e anedotas pouco confiáveis. Segue abaixo sua *vida*, muito mais concisa do que gostaríamos:

> A condessa de Dia foi mulher de Guilhem de Peitieus, bela senhora e boa. E se apaixonou por Raimbaut d'Aurenga e compôs sobre ele muitas boas canções e belas, como vocês poderão ver e ouvir.

> *La comtessa de Dia si fo moiller d'En Guillem de Peitieus, bella domna e bona. Et enamoret se d'En Raembaut d'Aurenga, e fetz de lui maintas bonas chanssos e bellas, segon que vos poiretz vezer et entendre aissi.*

Guilhem de Peitieus permanece uma figura desconhecida, ao lado de Raimbaut d'Aurenga; neste segundo caso, podem ser duas pessoas conhecidas: em primeiro lugar, famoso trovador já mencionado, o que a dataria no último quartel do séc. XII; em segundo, Raimbaut IV (?-1214), o que a dataria quase na virada para o séc. XIII. Dela nos restaram apenas quatro *cansos* amorosas (com o tema da mal-casada apaixonada por um amante que a traiu), como no caso de Castelloza, sendo elas as duas *trobairitz* mais bem conservadas e renomadas de todo o *corpus*.

VOU CANTAR TUDO QUE EU NÃO GOSTARIA

Seguis e Valença foram heróis de um romance perdido.

TENHO SOFRIDO UMA AFLIÇÃO

Floris é um *senhal* tirado do romance de Floris e Blanchaflor (*Florie e Blanchefleur*), bem conhecido na Idade Média com versões em várias línguas. Outra referência ao romance aparece na *canso* seguinte.

Azalais d'Altier

séc. XIII

Azalais d'Altier é o nome que a própria poeta nos apresenta no sexto verso deste poema, que é o único *salut d'amor* (saudação de amor, ou poema epistolar) atribuído a uma *trobairitz*. *Salutz* é tradicionalmente um poema amoroso epistolar do trovador a sua amada, com uma abertura com saudações, praxe aqui cumprida e muito mais comprida que de média. Ele foi inventado (ou ao menos dominado e espalhado) pelo trovador Arnaut de Maruelh (*c.* 1170-*c.* 1200). Ponto notável é que este *salutz* se dá entre duas mulheres, acerca de um homem ausente, como um elogio do homem apaixonado e potencial de convencimento, uma tópica que aparece nas *tensos* entre duas mulheres. No entanto esta peça tem um modelo narrativo e sem estrofes, com rimas emparelhadas, em *coblas*, e por isso é possível supor que não houvesse melodia.

Sobre Azalais nada sabemos, mas é quase certo que tenha, como Clara d'Anduza, sido contemporânea de Uc de Saint-Circ, porque ela aparece na tornada de uma de suas *cansos*, "Anc mais non vi temps ni sazo":

> Canção, antes de avançar,
> busque Azalais d'Altier na estrada,
> pois quero que ela saiba cada
> coisa que sinto: estou a amar
> e agora já deixei de errar.
>
> *Chanssos, enans que ans aillor,*
> *a N'Azalais d'Autier ten via,*
> *q'ieu voill que sapcha de cal guia*
> *m'estai, ni cum me vai d'amor,*
> *ni cum eu sui partitz d'error.*

É possível pensar, graças ao trocadilho com *clara* na última estrofe, que este poema fosse endereçado a Clara d'Anduza, talvez realmente relacionada com Uc de Saint-Circ (cf. nota a ela).

Por fim, no poema, há uma referência bastante erudita sobre a história de Briseida, que traiu Troilo com Diomedes, filho de Tideu, portanto Tidida, uma narrativa presente no *Roman de Troie*, porém que não aparece em nenhum outro lugar da poesia provençal.

Tibors de Sarenom

c. 1130-1198

Tudo que temos de Tibors é sua *vida*, que apresenta a abertura desse poema, que também estava acompanhado de uma iluminura.

> Tibors foi uma dama de Provença, de um castelo de Blacatz, chamado Sarenom. Mulher da corte era e culta, graciosa, foi mestra e sabia trovar.
>
> E se apaixonou e foi amada pelo amor e por todos os bons homens daquela comarca foi honrada e por todas as valorosas damas muito temida e muito obedecida.
>
> E fez estas estrofes [*coblas*] e enviou-as ao seu amante:
>
> *Na Tibors se era una dompna de Proensa, d'un castel d'En Blacatz qe a nom Sarenom. Cortesa fo et enseignada, avinens et fort maïstra; e saup trobar.*
>
> *E fo enamorada e fort amada per amor, e per totz los bons homes d'aqela encontrada fort honrada, e per totas las valens dompnas mout temsuda e mout obedida.*
>
> *E fetz aqestas coblas e mandèt-las al seu amador:*

Além disso, podemos supor que esteja incompleto, porque o fólio apresenta espaço deixado para mais uma estrofe. É quase certo que, embora a *vida* sugira século XIII, ela fosse irmã de Raimbaut d'Aurenga e, assim, uma das mais antigas *trobairitz*; por isso em geral é atestada como a mais antiga das que conhecemos.

Fragmento anônimo

séc. XII-XIII

Embora não seja possível afirmar com certeza que se trate de um homem ou mulher quem enuncia o canto, o único manuscrito que preservou este fragmento (um cancioneiro com muitas *trobairitz*) apresenta o desenho de uma mulher como acompanhamento ao texto; por isso Bec, Rieger e outros editores optam por atribuir uma autoria feminina, que aqui sigo. Como o fragmento está nos fólios finais do manuscrito, é possível supor que foi composto no fim do século XII, ou início do XIII.

Anônima

séc. XIII-XIV

O poema está sem autoria e representa um caso singular na poesia trovadoresca: trata-se do único *planh* (poema fúnebre) escrito por uma mulher sobre o falecimento de seu amado. Na verdade, a maioria dos *planhs* tendiam a ser políticos, voltados para os nomes de grandes homens; assim, mesmo no mundo masculino, são raros os exemplos de *planhs* amorosos. No entanto esta figura anônima segue de perto as regras do gênero tal como o conhecemos.

Sobre a datação e localização da autora, Rieger e Bec notam que há muitos catalanismos na grafia, o que poderia nos levar a estabelecê-la como autora catalã do séc. XIV, como outras *trobairitz*; no entanto ele próprio opta por datá-la no séc. XIII. Na dúvida, deixo a datação com um lapso temporal maior.

SIRVENTES

Anônima

séc. XII?

Esse *sirventes* atribuído originalmente a Raimon Jordan (*fl.* 1178-1195) aparece em apenas um manuscrito; no entanto, como a voz que argumenta criticamente assume a persona feminina contra certa tradição misógina da poesia e do público trovadoresco, chegando a mencionar o trovador Marcabru (*fl.* 1130-1149), Rieger edita como *trobairitz*, no que é seguida por outros editores. Seja como for, apresento aqui a vida de Raimon:

> Raimon Jordan foi visconde de Sant Antonin, senhor de um rico burgo em Carsin; e foi belo e generoso e bom em armas e sabia trovar e compreender bem. E amou a mulher de R. Amielh de Pena d'Albeges, que era honrável barão; e a dona era bela e jovem e culta, e queria mais bem ao visconde do que a qualquer outra coisa no mundo, e ele a ela. E sucedeu que o visconde partiu para a guerra contra seus inimigos e foi ferido numa batalha e foi levado a Sant Antonin para morrer. E a notícia chegou como se tivesse morrido, ao que ela, com tamanha dor, ingressou nos patarinos

[nome dado aos cátaros]. O visconde se curou da ferida e quando descobriu que ela tinha ingressado na ordem, sofreu tanto que não fez mais verso nem canção. E aqui temos sua obra.

Raymun Jorda fo vescoms de Sant Antoni, senher d'un ric borc qu'es en Caersi; e fon avinens e larcs e bos d'armas, e saup trobar e ben entendre. Et amet la molher d'En R. Amielh de Pena d'Albeges, qu'era onratz bars; e la dona era bela e ioves e ensenhada, e volia mays de be al vescomte que a res del mond, et ela ad ela. Et avenc se que ·l vescoms fon en guerra ab sos enemix e fon nafratz en una batalha e fon portatz a Sant Antoni per mort. E la novela venc a la dona aytal que mort era; don ela ac tal dolor que s'en redec als Patarics. Lo vescomd gueri de sa nafra; e can saup que la dona s'era renduda, ac tal dol que pueys no fe vers ni canso. Et aysi a de sa obra.

Considerando que em outras narrativas de suas *vidas* Raimon é descrito como amante a Elis (ou Helis) de Monfort, irmã de Maria de Ventadorn, então caberia supor ser a própria Elis, ou alguma figura no círculo de Maria, a autora desse *sirventes*.

Anônima

séc. XIII

Essa *sirventesca* (uma deformação cômica de *sirventes*?) aparece em apenas um manuscrito e é atribuída a um certo P. Base, que podemos interpretar como Peire Base, figura no mais desconhecida. Na página, é possível ver que fizeram as linhas para notação musical, que não chegou a ser preenchida. Rieger entende que, por assumir uma persona feminina que só poderia pertencer à nobreza (dado que a nobreza ainda poderia escolher as próprias roupas no contexto dado, e que só uma pessoa assim poderia ter acesso ao rei de Aragão), estaríamos diante da obra de uma *trobairitz*. Do ponto de vista da arte poética, é uma obra abaixo da média, mas me pareceu importante por ser caso raro de poesia feminina de ataque contra uma lei.

A nossa *sirventesca* ataca uma lei suntuária que regulava o luxo das vestimentas femininas, com justificativa de purificação piedosa dos hábitos ou de economia do lar. Brucker *et alii* alegam que essas leis eram comumente associadas aos reinos do norte da França e às ordens mendicantes que apoiaram as guerras de cruzada contra os cátaros da Occitânia no começo do séc. XIII. Segundo o poema, essa lei específica teria sido promulgada durante uma campanha bélica de Jaime I de Aragão (1208-1276), quando este estava ausente, talvez na campanha contra Maiorca, em 1230.

Gormonda de Monpeslier

fl. c. 1226-1229

Nada sabemos da vida de Gormonda de Monpeslier (atual Montpellier), fora que talvez tenha feito parte da ordem dominicana, mas ela é a única *trobairitz* que nos legou um *sirventes* assinado, e que ainda por cima pode ser considerado o primeiro poema explicitamente político escrito por uma mulher no Ocidente. Sabemos que esse *sirventes* é uma resposta política e poética a outro *sirventes* escrito por Guilhem Figueira (*fl.* 1215-1240), conhecido como *D'un sirventes far*, em que este atacava o papado, talvez a partir da forma de uma *canso* (talvez a mariana anônima *Flor de Paradis*). Gormonda então utilizou a mesmíssima estrutura métrica e rímica (e muito provavelmente a mesma melodia) do poema de Guilhem, bem como boa parte de suas palavras-chave, para defender o papado passo a passo, seguindo em contraponto a linha de ataques de Figueira, para então atacar a maldade herética dos dissidentes locais e assim incitar a uma espécie de cruzada interna contra esses grupos; ao fim do poema, Gormonda deseja que seu inimigo seja morto como um herege. É interessante notar que em nenhum momento a poeta menciona o nome de seu opositor. Do ponto de vista formal, é curioso notar que Gormonda imita as mesmas rimas das vinte primeiras estrofes do *sirventes* de Guilhem (*-enssa*, *-es*, *-ana*, *-ecs* etc.), num virtuosismo impressionante; mas o poema termina na vigésima, ao passo que o de Guilhem, tal como nos foi transmitido, continua por mais três estrofes.

Figueira foi um dos poetas mais famosos de Toulouse (que aqui aparece como Tolosa), seguindo a orientação dos cátaros. Assim, o ataque de Gormonda contra Figueira torna-se também um ataque de Roma contra os cátaros, já que desde 1209 o Papa Inocêncio III (1161-1216) vinha promovendo guerra contra essa cisma religiosa. Em 1229 Toulouse viria a ser derrotada com um grande massacre. Sobre a datação, na sexta estrofe há uma referência à morte do rei Luís VIII, em 1226. Essa é a referência histórica mais avançada do poema. Sabemos que a queda de Toulouse, em 1229, não está mencionada, e assim podemos concluir que a data de composição desse *sirventes* deve ser entre 1226 e 1229. Embora o poema nos pareça bastante radical em suas posições, é provável que Gormonda esteja aqui representando uma posição bastante típica do clero romano, ou seja, uma visão da própria Igreja Católica.

Dada a longa extensão da peça e o grande número de rimas, optei aqui por não seguir radicalmente o modelo de rimas masculinas e femininas para caber numa melodia, mas apenas o modelo das rimas. Os testes que fiz para dar conta dessa demanda terminaram em afastamento excessivo de pontos importantes do original, ou em soluções que me pareciam poeticamente canhestras. Apenas a primeira e a sétima estrofes da tradução seguem exatamente o modelo de rimas masculinas e femininas, que caberiam adequadamente na melodia preservada de Guilhem Figueira do mesmo modo que o texto provençal de Gormonda.

Damitata é cidade portuária do Egito, tomada por Luís IX na Cruzada e depois abandonada pelos cruzados derrotados em 1221.

A fala de Merlin sobre Luís diz respeito a Luís VIII da França, que no início do séc. XIII teve importante papel na luta contra os cátaros. A informação de que ele morreria "na pança" é um problema hermenêutico porque Pança não é local identificado, mas é possível que seja Montpensier ("monte panceiro"), onde Luís veio a morrer em 1226. No mesmo ano a cidade de Avignon se rendeu aos franceses.

TENSOS

Almuc de Castelnou *c.* 1140-1184 **e Iseut de Capion** *c.* 1140-?

Não sabemos ao certo quem são as pessoas envolvidas nessa *tenso*, pois delas temos apenas os dados da *razo* que vem com o poema. Pode ser Iseut de Chapion, uma comum de Lauéjouls, e de Almueis de Castelnou (Almodis/Almois são variantes do nome), esposa de Guigue de Châteauneuf-de--Randon (?1150-*c.*1200), ambas situadas nos arredores de Mende. O homem em jogo pode ser Gui de Tournou ou Gui de Tornel.

Alaisina Yselda e Carenza

séc. XIII

As duas figuras dessa *tenso* nos são completamente desconhecidas, pois delas não temos *vidas* nem outros poemas, nem sobrenomes ou proveniência. Com isso, é possível ver no nome Alaisina Yselda até dois nomes (Na Alais e Na Yselda) como se fossem duas irmãs que dialogam com a mais velha Carenza; embora essa hipótese não seja tão convincente. Seja como for, com uma temática completamente atípica da poesia trovadoresca, o poema é datável provavelmente do séc. XIII.

Há quem veja no texto uma leitura mística, talvez de origem cátara, em que o "cingido de ciência" seria Cristo; nesse caso, as irmãs em jogo seriam freiras.

Alamanda e Giraut de Bornelh

séc. XII

De Alamanda sabemos apenas o que aparece sobre ela na *razo* dessa *tenso* com Giraut de Bornelh (?1338-*c.* 1220), um dos mais importantes trovadores conhecidos, ativo sobretudo entre 1162 e 1199. Riquer considera que a peça tenha sido inteiramente escrita apenas por Giraut, recusando portanto qualquer autoria feminina, mas nesse ponto discordam Bec e Rieger, dentre outros; e também considero interessante incorporar esta obra como parte do universo das *trobairitz*. Como vemos na *razo*, Giraut estaria apaixonado por uma certa Alamanda d'Estanc, de quem nada sabemos, e, depois de problemas com a amada, teria buscado conselho com uma donzela também chamada Alamanda (sem qualquer proveniência), e esta é que seria nossa *trobairitz*, aqui no papel típico de mediadora. Como a fiabilidade da *razo* é muito baixa, a começar pelo fato de que ela usa os mesmos termos do poema, parecendo fazer dele mote para sua pretensa origem, seria possível até pensar que há uma confusão na repetição do nome Alamanda. Rieger acaba por sugerir que fosse Alamanda de Castelnou, que, nascida em torno de 1160, casou-se com Guilhem de Castelnou e depois viria a se tornar cônega de Saint-Etienne em Tolosa (atual Toulouse) até morrer em 1223. Segue a *razo*:

Giraut de Bornelh amou uma dama de Gasconha chamada Alamanda d'Estanc. Muito prezada era a dama por seu senso e valor e beleza; e ela aceitava as súplicas e as pretensões de Giraut por tanto elevá-la em mérito e honra e pelas belas canções que fez sobre ela, com as quais muito se deleitava, porque bem as compreendia.

Por longo tempo ele fez súplicas, e ela com belas palavras e belas honras e belas promessas dele se defendeu cortesmente, pois nunca lhe deu nenhum amor, nenhum regozijo, mas apenas uma luva com a qual ele viveu por longo tempo alegre e gozoso; e depois teve muita tristeza quando a perdeu; porque a senhora Alamanda – quando viu que ele muito a louvava para que cedesse prazer de amor e soube que ele tinha perdido a luva – o acusou pela luva, dizendo que ele a tinha guardado mal e que ela não lhe daria mais nenhum regozijo, nem concederia mais amor, e que desandava tudo que havia prometido, por perceber que há tempos ele não mais obedecia seus comandos.

Quando Giraut ouviu a nova acusação e a despedida que a dama lhe mandava, ficou muito sofrido e triste e foi até uma donzela da corte dela, de nome Alamanda, igual à dama. A donzela era muito sábia e cortês e sabia trovar bem e bem o entendia. E Giraut lhe disse o que a dama lhe tinha dito, pediu conselho à virgem sobre o que fazer e disse:

Girautz de Borneil si amava una dompna de Gascoina qe avia nom N'Alamanda d'Estanc. Mout era presiada dompna de sen e de valor e de beutat; et ella si sofria los pr[ecs] e l'entendimen d'En Giraut, per lo gran enansamen q'el li fazia de preç e d'onor, e per las bonas chansos q'el fasia d'ella, ond ella s'en deleita[va] mout, per q'ella, las entendia ben.

Lonc temps la preget; et ella com bels ditz e com bels honramenz e com bellas promissions, se defendet da lui corteizamen, qe anc no ·il fetz d'amor ni ·l det nuilla joia, mas un son gan, dont el visqet lonc temps gais e joios; e pueis n'ac mantas tristessas, qant l'ac perdut, que ma domna N'Alamanda – qan vi q'el la preissava fort q'ella li feses plaser d'amor e saub q'el avia perdut lo gan –, ella l'encuset del gan, digan qe mal l'avia gardat e qella no ·il daria nulla joia, ni plaser no ·il faria mais d'amor, e qe so q'ella li avia promes li desmandava, q'ela vesia ben q'el era fort loing eissitz de sua comanda.

Qant Girautz ausi la novella [o]caison e ·l comjat qe la domna li dava, mout fo dolens e tris[tz], e ven[c] s'en ad una donzella q'ell'avia, que avia nom Alamanda, si com la domna. La doncella si era mout savia e cortesa, e sabia trobar ben et entendre. E Girautz si ·l dis so qe la domna li avia dit, e demandet li conseil a la doncella qe el devia far, e dis:

O mesmo nome Alamanda aparece numa obra de Bertran de Born que imita a estrutura e as rimas da presente *tenso*, o que aumenta a chance de realmente ter havido a *trobairitz*; na peça, Bertran começa assim: *Conselh vuolh dar al son de N'Alamanda* ("Darei conselhos ao som de Alamanda"), o que poderia servir como prova de que Alamanda teria também feito melodias, o que é reforçado pelo fato de Alamanda ser mencionada em outra canção da *trobairitz* Lombarda. Importante notar que essa *tenso* nos chegou com melodia.

No texto, Berengieira não é identificada, mas o mesmo nome aparece em outra *tenso* de mesmo estilo como conselheira. Seria nome de uma *trobairitz*?

Lombarda e Bernart Arnaut

séc. XIII

Lombarda é conhecida apenas por essa estrofes em resposta à *canso* de Bernat Arnaut (?-1226), trovador no mais desconhecido, o que acaba formando um tipo de diálogo. A *razo* que traduzo junto com os poemas é o lugar onde podemos ler a obra e que nos dá algum indício do contexto, talvez confundindo Lombarda com uma senhora de Tolosa (atual Toulouse) que aparece num mapa de 1206. Se confiarmos na descrição, podemos supor que Bernart seja irmão e sucessor de Geraut IV d'Aramanhac (atual Armagnac), que ocupou o cargo entre 1217 e 1226 em oposição ao seu irmão Geraut V (conde entre 1215 e 1219).

Como observa Bec, não estamos diante de uma *tenso* propriamente dita, mas sim de dois poemas sequenciais que partilham a mesma forma, talvez a mesma melodia perdida. No primeiro, Bernart pede o amor de Lombarda, alegando que deixou de lado duas outras mulheres, a desconhecida Giscarda e (a *trobairitz*?) Alamanda. Lombarda, por sua vez, faz uma resposta impressionante e sutil a partir do *senhal* utilizado, designando-a como Espelho (*miralh*); assim ela pergunta qual é o espelho (entenda-se amada) em que ele se espelha e afirma que não confia mais no seu amor.

Liverno é cidade não identificada, embora possa ser Livorno, na Itália, ou talvez Livernon, que é citada por outros trovadores.

Comtessa de Proensa e Gui de Cavalhon

séc. XII-XIII

Sabemos que Garsenda Folcalquier (*c.* 1180-*c.* 1250), neta de Guilhem IV de Folcalquier, casou-se com Alfonso II (1180-1209), conde de Provença, em 1193, tornando-se condessa. Ela ficou viúva em 1209 e, com isso, foi uma mulher poderosíssima por mais de uma década, até se retirar para convento em Var. Certamente, no período de mais prestígio, entre 1213 e 1220, ela viveu cercada de trovadores, quando foi cantada por Gui de Cavalhon (*fl.* 1200-1229) e Elias de Barjols (*fl.* 1191-1225); se isso resultou de fato em relações amorosas, não temos como saber, mas mesmo assim seguem abaixo trechos das *vidas* de Gui e de Elias:

> Gui de Cavalhon [atual Provença] foi um gentil barão de Provença, senhor de Cavalhon, generoso e cortês e belo cavaleiro e muito amado pelas damas e por toda a gente e bom cavaleiro em armas e bom guerreiro; e fez boas tensões e boas estrofes de amor e de consolo; e acreditam que foi amante da condessa Garsenda, mulher do conde de Proensa, que era irmão do rei de Aragão.

Elias se apaixonou pela condessa, senhora Garsenda, mulher do conde, quando este morreu na Sicília, e fez sobre ela suas canções belas e boas enquanto viveu.

Guis de Cavaillon fo un gentils bars de Proensa, seigner de Cavaillon, larcs hom e cortes, et avinens cavalliers, e mout amat de domnas e per totas gens; e bons cavalliers d'armas e bons gerrers; e fetz bonas tensons e bonas coblas d'amor e de solatz; e si se crezet q'el fos drutz de la comtessa Garsenda, moiller que fo del comte de Proensa, que fo fraire del rei d'Aragon

En Elias s'enamoret de la comtessa ma dompna Garsenda, moiller del comte, quand el fo mortz en Cesilia, et fez de elleis suas cansos belas e bonas tant quant ella visquet.

Esta *tenso* costuma ser datada na primeira década do século XIII e tem um curioso movimento, ao começar com o avanço da dama sobre o cavaleiro tímido, o que contraria os preceitos do amor cortês.

A progressão em cinco estágios da relação amorosa, já mencionada no pequeno ensaio, é aqui importante: ao ouvir os versos da Comtessa, Gui de Cavalhon, apesar de fingir evitar o amor, passa de *fenhedor* (o "tímido") a *pregador* (o "suplicante"); mas antes de ser propriamente *entendedor* (o "namorado" ou "aceito") e *drutz* (o "amante") – porque ele já supõe isso na primeira fala da amada – no antepenúltimo verso ele faz um jogo com *fach*, que designa tanto um "feito" como o próprio "sexo". Traduzi o termo então pelo verbo "meter", que em contexto erótico guarda ambiguidade.

Nesta tradução está o segundo caso de um recurso sonoro à rima com proparoxítona (cf. "enriquece-me" na *canso* "Mesmo que um gozo o amor venha" de Castelloza): súplica seria cantada como "súplicá", que portanto rima com os infinitivos em -ar, que em boa parte do Brasil tem o -r mudo. Uma rima desse tipo temos na canção "Súplica" de João Nogueira e Paulo César Pinheiro, em cujo texto se faz um enredo de rimas em proparoxítonas e oxítonas: "Vem a mim, ó música! / Vem no ar / Ouve de onde estás a minha súplica / Que eu bem sei talvez não seja a única / Vem a mim, ó música! / Vem secar do povo as lágrimas / Que todos já / Sofrem demais / E ajuda o mundo a viver em paz."

Maria de Ventadorn e Gui d'Ussel

séc. XII-XIII

Maria de Ventadorn (?-?1222), filha de Raimon II de Torena, se casou com o visconde Eble V de Ventadorn (?-1236) em torno de 1200, foi poeta e patrona de trovadores, seguindo a tradição de sua família; sabemos que ela entrou para o claustro de Grandmont em 1221, junto com o marido. Como observam Bruckner *et alii*, ela é a mulher mais louvada em todo o *corpus* dos cancioneiros.

Transcrevo abaixo a *razo* da única canção, um *partimen*, em que ela também aparece como autora:

> Vocês já sabem como a senhora Maria de Ventadorn foi a mais prezada dama de Lemosin [Limousin], aquela

que mais fez o bem e mais se guardou do mal. E todas as vezes lhe ajudou seu sensom e a loucura do despudor nunca a levou a tolices. E honrou a Deus com aprazível, belo corpo, sem artifícios.

Gui d'Ussel tinha perdido sua dona, como vocês já ouviram na canção que diz:

[PC 194.19] Se me afastar, má dama, de você

por isso ele vivia em grande dor e grande tristeza. E havia muito tempo que ele não cantava nem trovava, fazendo com que as boas senhoras daquela comarca ficassem sofridas, a senhora Maria mais que todas, porque Gui d'Ussel a louvava em todas as suas canções. E o conde de La Marcha, chamado Uc lo Brun, era cavaleiro dela, e ela lhe tinha prestado tanto honor e amor quanto uma dama pode prestar a cavaleiro.

E um dia, quando ele a cortejava, e se fez uma tensão entre os dois, o conde de La Marcha dizia que todo fino amante, pois que sua dona lhe dá amor e o toma por cavaleiro e amigo, assim como ele é leal e fino com ela, deveria ter tanta senhoria e autoridade sobre ela quanto ela sobre ele; e a senhora Maria defendia que o amigo não deveria ter sobre ela senhoria nem autoridade. Gui d'Ussel estava na corte da senhora Maria, e ela, para o fazer voltar às canções e ao consolo, fez uma estrofe, em que lhe perguntava se convinha que o amigo tivesse tanta senhoria sobre a dona quanto a dona sobre ele. Sobre esta razão minha senhora Maria o desafiou a uma tensão [*tenso*] assim:

Ben avetz auzit de ma dompna Maria de Ventedorn com ella fo la plus preziada dompna qe anc fos en Lemozin, et aqella qe plus fetz de be e plus se gardet de mal. E totas vetz l'ajudet sos senz, e follors no ·ill fetz far follia. Et onret la Deus de bel plazen cors avinen, ses maestria.

En Guis d'Uisels si avia perduda sa dompna, si com vos avetz ausi[t] en la soa canson qe dis:

[PC 194.19] Si be ·m partetz, mala dompna, de vos;

don el vivia en gran dolor et en gran tristessa. Et avia lonc tems q'el no avia chantat ni trobat; don totas las bonas dompnas d'aqella encontrada n'eron fort dolentas, e ma dompna Maria plus qe totas, per so q'En Guis d'Uisels la lauzava en totas sas cansos. E ·l coms de la Marcha, lo cals era apellatz N'Ucs lo Brus, si era sos cavalliers, et ella l'avia fait tant d'onor e d'amor com dompna pot far a cavalier.

Et, un dia, el dompnejava com ella, e si ag[r]on una tenson entre lor: qe ·l coms de la Marcha dizia qe totz fis amaire, pois qe sa dompna li dona s'amor ni ·l pren per cavalier ni per amic, tant com el es leials ni fis vas ella, deu aver aitan de seignoria en ella e de comandamen com ella de lui; e ma dompna Maria defendia qe l'amic[s] no devia aver en ella seignoria ni comandamen. En Guis d'Uisels si era en la cort de ma dompna Maria; et ella, per far lo tornar en cansos et en solatz, si fetz una cobla en la cal li mandet si se covenia qe l'amics ages aitant de seignoria en la soa dompna com la dompna en lui. E d'aqesta rason rna dompna Maria si l'escomes de tenson e dis enaissi:

Outra *razo* sobre Gui d'Ussel (*c.*1170-*c.*1209) nos dá a entender que ele parou de trovar não por sofrimento amoroso, mas sim por proibição papal, já que era cônego. Seja como for, a peça parece estar incompleta, por faltar a tornada final.

Nela o difícil conflito da desigualdade entre homem e mulher no fino amor recebe duas leituras diversas, Gui propõe a paridade, enquanto Maria defende manter sua superioridade social e prática sobre o cavaleiro. Pierre Bec data a *tenso* em torno de 1196.

Dama e Raimbaut d'Aurenga

séc. XII

Esta *tenso* é atribuída a Raimbaut d'Aurenga (*fl.* 1147-1173) em todos os manuscritos em que aparece; no entanto, em parte pela qualidade da composição, em parte por se ler na *vida* da Comtessa de Dia que ela teria sido amante de Raimbaut, muitos consideraram a possibilidade de que ela fosse também autora do poema, na parceria típica da *tenso*; essa proposta poderia ser reforçada pelo primeiro verso, *Amics, en gran cossirier*, ecoa o primeiro verso de *canso* da Comtessa, *Estat ai en greu cossirier*. Apesar disso, Meg Bogin interpreta o poema como anônimo, por exemplo, considerando uma autoria feminina indeterminada. Sinto-me inclinado a concordar com Bogin, porque na biografia de Raimbaut não se encontra nenhuma indicação de uma Comtessa de Dia, como se pode ver:

> Raimbaut d'Aurenga foi o senhor de Aurenga e de Corteson e de vários outros castelos. E era elegante e culto e bom cavaleiro de armas e agradável nas conversas. E muito se deleitou com donas honradas e com cortejo honrado.

E foi bom trovador de versos e canções; mas muito experiente em fazer rimas ricas e cerradas [*clusas*]. E amou por longo tempo uma dama de Provença que tinha o nome de Maria de Vertfolh e a chamava de "seu jogral" em suas canções. Por muito tempo a amou, e ela a ele. E fez muitas belas canções sobre ela e sobre muitos outros feitos. E se apaixonou pela boa condessa d'Urgel, que era lombarda, filha do marquês de Busca. Foi muito honrada e prezada acima de todas as nobres damas de Urgel; e Raimbaut, sem a ver, só pelo grande bem que ouvia sobre ela, se apaixonou por ela, e ela por ele. E fez então suas canções sobre ela; e lhe mandou suas canções por um jogral que tinha o nome de Rouxinol, tal como diz numa canção:

> Rouxinol, jogral,
> se sofrer um mal,
> sorria por meu amor
> numa leve cançoneta
> que levará, por favor,
> como presente ao meu mel,
> para a condessa de U'rgel.

Por longo tempo celebrou tal condessa e a amou sem ver, e nunca teve ensejo de a ver. Mas o ouvi dizer a ela, quando era já monja, que se ele tivesse chegado até ela, teria lhe dado tanto prazer, que consentiria que com as costas da mão ele tocasse a perna nua. Assim amando, Raimbaut morreu sem filho varão, e deixou Aurenga para as duas filhas. Uma foi mulher do senhor d'Agout; da outra nasceu Uc dels Baus e Guilhem delz Baus; e da outra Guilhem d'Aurenga, que infelizmente morreu jovem, e Raimbaut, que cedeu metade de Aurenga ao Hospital.

Roembauz d'Aurenga si fo lo seingner d'Aurenga e de Corteson e de gran ren d'autrez castels. E fo adreich et eseingnaz, e bons cavalliers d'armas, e gens parlans. Et mout se deleitet en domnas onradas et en donnei onrat. E fo bons trobaires de vers e de chansons; mas mout s'entendeit en far caras rimas e clusas. Et amet longa sason una domna de Proensa, que avia nom ma domna Maria de Vertfuoil ; et appellava la "son Joglar" en sas chiansos. Longamen la amet et ella lui. E fez maintas bonas chansos d'ella e mainz autres bons faics. Et el s'ennamoret puic de lla bona contessa d'Urgel, que fo lombarda, filla del marques de Busca. Mout fon onrada e presada sobre totas las pros domnas d'Urgel; et Rambauz, senes veser leis, por lo gran ben que n'ausia dire si s'enamoret d'ella et ella de llui. E fi fez puois sas chansos d'ella; e si ·l manda sas chansos per un joglar que avia nom Rosignol, si con dis en una chanson :

Amics Rossignol,
si tot as gran dol,
per la mi'amor t'esjau
ab una leu chanzoneta
qe ·m portaras a jornau
a la contessa valen,
lai en Urgel per presen.

Lonc temps entendet en aqesta comtessa e la amet senes veser, et anc non ac lo destre que la anes veser. Don ieu aussi dir ad ella, qu'era ja morgua, que, c'el i fos venguz, ella l'auria fait plaser d'aitan, qe ·il agra sufert q'el com la ma reversa l'agues tocada la camba nuda. Aisi leis aman, Rambautz mori sines fillol mascle, e remas Aurenga a doas soas fillas. La una ac per moiller lo seigner d'Agout; de l'autra nasquet N'Uc del Bauç et En Willems del Bauz; e de l'autra, Wilems d'Aurenga, que mori joves malamen, e Rambauz, lo cals det la meitat d'Aurenga a l'Hospital.

Trata-se de uma *vida* com várias confusões históricas e geracionais (o neto que morreu jovem foi Guilhem dels Baus, e quem cedeu Aurenga ao Hospital foi Raimbaut IV d'Aurenga (?-1214) etc.

Revisar na voz

Ana Cláudia Romano Ribeiro

Revisar é conversar longamente, em vasta companhia, em presença ou *in absentia*. Conversar com a editora, a Júlia de Carvalho Hansen, e com o tradutor, o Guilherme Gontijo Flores, que me propuseram a parceria da revisão. Conversar com o texto que se revisa, com as trovadoras, com a bibliografia especializada, com léxicos, com artistas que executaram as canções, que criaram ou recompuseram melodias para as canções que nos chegaram desse *corpus* dos séculos XII e XIII, produzido pelos corpos hipotéticos das trovadoras. Revisar é conversar consigo. Conversar com o que se leu, se escreveu, se pensou, se ouviu, se cantou.

Dessas conversas surgiram pensamentos; alguns deles tornaram-se parâmetros.

O trabalho de revisão foi feito em camadas. Iniciou-se com a leitura silenciosa do original e da tradução: decifração. Do provençal, da poética específica de cada poema, de seus jogos, da tradução que, por sua vez, sintoniza novas formas de dizer. Ler até os olhos começarem a ouvir.

É a isso que me levaram os textos em provençal. É a isso que me levaram as traduções aqui apresentadas. Se as *trobairitz* rimavam "num espaço guiado e regulado e tensionado pela música", como nos diz o posfácio, a revisão deveria, pois, fazer-se nesse mesmo espaço, procurando exercer a escuta dos textos das trovadoras e dos textos do tradutor. Revisar canções cantando.

Ouvidos de agora não podem viajar no tempo e no espaço para discernir com mais exatidão os feixes de vozes e os corpos imbricados nas canções trovadorescas. Por isso, por vezes oscilei entre o descampado e a sala de museu arqueológico, gravações e bibliografia, a pensar reconstituição e invenção. Os monossílabos do provençal me tocavam como notas musicais, sugerindo som, altura, timbre, convidando a voz. A tradução, que trazia outras vozes que o Guilherme tinha consigo e colocou na tradução, também me convidava ao som. Em provençal ou em português, o rastro da performance musical construía estrada, parecia notação musical em forma de palavra. A escrita desses poemas tocados pela execução vocal, ou melhor, por execuções vocais, "canto atravessado de vozes, canto de criação" (posfácio), não cessava de me lançar no jogo dos jograis.

Algumas perguntas orbitaram o processo de revisão, menos para serem respondidas do que para fazerem pensar: Como vem à voz uma melodia? Que memória musical está em jogo quando se cria uma melodia? Qual é o papel das palavras nisso? E seus matizes, registros, misturados ou não, pra onde podem levar quem as "dá à voz" (expressão que lemos no *Algo infiel* e no posfácio)? Que matizes e registros estariam em jogo no provençal? Que lugar para as lacunas, as impossibilidades e as possibilidades a cada nova performance? Criar melodias é chave para resolver e/ou criar problemas? Aonde nos levam os melismas? Como equacionar melisma e métrica? Como se articulam as memórias do cancioneiro brasileiro (MPB, bolero, brega, os sambas etc., tudo junto), de outros cancioneiros, as memórias do escrito e do ouvido para o tradutor e para revisora? O que assombra as canções da *trobairitz*?

Foi assim que revisar não se restringiu ao procedimento técnico de conferir composições moduladas por variedades de rimas e outras codificações formais, mas recantar no meu quintal esse *corpus* das *trobairitz*, dizer seus nomes e repetir suas canções, num processo influenciado pelo trabalho seminal e vivíssimo do Pecora Loca e pelos ensaios do *Algo infiel*, do Guilherme e do Rodrigo Tadeu Gonçalves. Revisar virou performar.

Encerro esse testemunho com um agradecimento à Júlia e ao Guilherme, que fizeram nascer e renascer tantas vozes e tanta vida, pela parceria e pela amizade. Um mundo em que a autoria feminina é ouvida é um mundo melhor.

Agradecimentos

Gostaria de agradecer as leituras, comentários e incentivos de André Capilé, Diamila Medeiros, Ernani Fritoli, Guilherme Bernardes, Júlia de Carvalho Hansen, Matheus de Souza Almeida, Ricardo Domeneck e Sergio Maciel, além das performances de Luana Prunelle e Luciane Alves, que cantaram a tradução de "A cantar", da Comtessa de Dia no grupo Pecora Loca, junto com Bernardo Brandão, Leonardo Fischer, Raphael Pappa Lautenschlager e Rodrigo Tadeu Gonçalves, além de mim, Bernardes e Maciel, já mencionados. Por fim, preciso agradecer imensamente à mais que cuidada revisão da colega e amiga, poeta e tradutora, Ana Cláudia Romano Ribeiro, que realmente reinventou a voz para várias peças, e assim tive a oportunidade eu mesmo de recantar segundo a melodia dela; da Ana Cláudia veio uma experiência de performance e troca vivas; e eu não poderia conceber uma ideia de revisão mais certeira e viva do que essa, que verdadeiramente decantou as primeiras versões.

Estas traduções são dedicadas a dois mestres que sigo com afinco: Maria Lúcia Alvim, trovadora vária de um mundo sutil, que nos deixou em 2021, e o vivíssimo Augusto de Campos, pai dos provençais em poesia no Brasil.

Obras consultadas

AGUILERA, Delphine. *Femmes poètes du Moyen-Âge: Les Trobairitz*. Paris: L'Harmattan, 2012.

ALIBERT, L. *Dictionnaire occitan-français selon les parlers languedociens*. Tolosa: IEO, 1966/176.

BEC, Pierre. *Chants d'amour des femmes-troubadours*. Paris: Stock, 1995.

_____. *L'amour au féminin: les femmes-troubadours et leurs chansons*. Gardonne: fédérop, 2013.

_____. *La langue occitane*. Vendôme: Presse Universitaires de France, 1986.

BÉROUL. *O romance de Tristão e Isolda*. Tradução e introdução de Jacyntho Lins Brandão. São Paulo: Editora 34, 2020.

BOGIN, Meg. *The women troubadours*. Scarborough: Paddington Press, 1976.

BRUCKNER, Matilda; SHEPARD, Laurie; WHITE, Sarah. *Songs of the women troubadours*. New York/London: Garland, 2000.

BRUN, Sandrine. *Les femmes musiciennes aux XIIe - XIIIe siècles: le cas des trobairitz*. Mémoire de Master, Université Lumière Lyon 2, 2014.

BRUNEL, Clovis. *Bibliographie des manuscrits littéraires en ancien provençal*. Genève/Marseille: Slatkine/Laffite, 1973.

CAMPOS, Augusto de. *Verso, reverso, controverso*. São Paulo: Perspectiva, 1978.

_____. *Mais provençais*. São Paulo: Companhia das Letras, 1987.

______. *Invenção: de Arnaut Daniel e Raimbaut a Dante e Cavalcanti*. São Paulo: Arx, 2003.

Cancioneiro da Biblioteca Nacional, antigo Colocci-Brancuti. Leitura, comentários e glossário por Elza Paxeco Machado e José Pedro Machado. Lisboa: Revista de Portugal, s/d.

CAPELÃO, André. *Tratado do amor cortês*. Tradução de Ivone Castilho Benedetti. 2.ed. São Paulo: Martins Fontes, 2019.

CAPELLI, Roberta. Tradurre i trovatori: un esempio poundiano. Arnaut Daniel, *Chansson doil mot son plan e prim*. *Lecturae Tropatorum*. n. 11, 2018, pp. 1-35.

DOSS-QUINBY, Eglal; GRIMBERT, Joan Tasker; PFEFFER, Wendy; AUBREY, Elizabeth. *Songs of the women trouvères*. New Haven/ London: Yale University Press, 2001.

DUBY, Georges. *Idade Média, Idade dos homens*. Tradução de Jônatas Batista Neto. São Paulo: Companhia das Letras, 2011.

______. *As damas do século XII*. Tradução de Paulo Neves e Maria Lúcia Machado. São Paulo: Companhia das Letras, 2013.

FISCHER, Walter. *Liedsang aus deutscher Frühe: mittelhochdeutsche Dichtung*. Stuttgart: Ulfred Kröner Verlag, 1955.

FLORES, Guilheme Gontijo. "Bertran de Born e o amor à guerra". In: IPIRANGA JÚNIOR, Pedro; GARRAFFONI, Renata Senna; BURMESTER, Ana (Orgs.). *Do amor e da guerra: um itinerário de narrativas*. São Paulo/Brasília: Annablume/Capes, 2014, p. 199-225.

FLORES, Guilherme Gontijo; GONÇALVES, Rodrigo Tadeu. *Algo infiel: corpo performance tradução*. Fotos de Rafael Dabul. Desterro/São Paulo: Cultura e Barbárie/n-1, 2017.

GAUNT, Simon. *Troubadours and irony*. Cambridge: Cambridge University Press, 1989.

______. Love and death in Medieval French and Occitan courtly literature: martyrs to love. Oxford: Oxford University Press, 2006.

GAUNT, SIMON; KAY, Sarah (eds.). *The troubadours: an introduction*. Cambridge: Cambridge University Press, 1999.

GUILHERME IX DE AQUITÂNIA. *Poesia*. Tradução e introdução de Arnaldo Saraiva. Campinas: Unicamp, 2009.

HAINES, JOHN. *Eight centuries of troubadours and trouvères: the changing identity of Medieval music*. Cambridge: Cambridge University Press, 2004.

KERTESZ, Christopher John. *An allegorical-figural reading of the troubadour love lyric.* Thesis University of Illinois at Urbana-Champaign. 1972.

LANG, Henry R. *Cancioneiro d'El Rei Dom Denis e estudos dispersos*. Edição organizada por Lênia Márcia Mongeli e Yara Frateschi Vieira. Niterói: EDUFF, 2010.

LE GOFF, Jacques. *La Baja Edad Media*. 15.ed. Ciudad de México: Siglo XXI, 1985.

MASSINI-CAGLIARI, Gladis. *Cancioneiros medievais galego-portugueses: fontes, edições e estrutura*. São Paulo: Martins Fontes, 2007.

MARIE DE FRANCE. *Lais*. Édition bilingue et traduction de Philippe Walter. Paris: Folio, 2020.

NELLI, René. *L'érotique des troubadours*. Paris: UGE, 1974.

______. *Os cátaros*. Tradução de Isabel Saint-Aubyn. Lisboa: Edições 70, 1980

NIIRANEN, Susanna. *"Miroir de mérite": Valeurs morales, rôles et image de la femme dans les textes médievaux des trobairitz*. Yväskylä, University of Yväskylä, 2009.

OBERSON, Roland Denise. *Abelard and Heloise:* Six Letters of their Correspondence. Juxtalinear and Numbered Latin and Literal English Translation. [s/l]: CreateSpace Independent Publishing Platform, 2015

OUELLET, Esther. *Peut-on parler de lyrisme courtois au féminin? Stratégies énonciatives et poésie des trobairitz*. Mémoire, Universite Laval, 2003.

PAUPHILET, Albert (éd.). *Poètes et romanciers du Moyen Age.* Texte établi et annoté par Albert Pauphilet, augmenté de textes nouveaux présentés par Régine Pernoud & A.-M Schmidt. Paris: Pléiade, 1952.

PIDAL, Ramón Menéndez. *Poesía juglaresca y juglares: aspectos de la historia literaria y cultural de España.* 8.ed. Madrid: Espasa Calpe, 1983.

RAYNOUARD, M. *Lexique roman, ou dictionnaire de la langue des troubadours, comparée ave les autres langues de l'Europe latine*. Paris: Silvestre, 1838-43 (6 vols.).

______. *Choix des poésies originales des troubadours*. Paris: Firmin Didot. 1816-1821 (6 vols.).

RIEGER, Angelica. *Trobairitz: der Beitrag der Frau in der altokzitanischen höfischen Lyrik. Edition des Gesamtkorpus*. Tübingen: De gruyter, 2015.

RIQUER, Martin de. *Los trovadores: Historia literaria y textos*. 3 tomos. Barcelona: Editorial Ariel, 1999.

ROSENBERG, Samuel N.; SWITTEN, Margaret; LE VOT, Gérard (eds.). *Songs of the troubadours and trouvères: an anthology of poems and melodies*. New York/London: Garland, 1998.

ROSENBERG, Samuel N.; TISCHLER, Hans. (éds.). *Chansons des trouvères: chanter m'estuet*. Avec la collaborations de Marie-Geneviève Grossel. Paris: Le livre de poche, 1995.

ROSSEL, Antoni. "La musica de los trovadores". *Cuadernos de Sección. Música 8*. 1996, pp. 53-100.

SCHIAVANO, Hannah Bianca. *L'Io Femminile nella Letteratura Romanza Medievale*. Tesi di Laurea, Università di Pisa, 2015-2016.

SILVA, Joaquim Carvalho da. *Dicionário da língua portuguesa medieval*. 2.ed. Londrina: Eduel, 2009.

SMITH, Nathaniel Belknap. *Figures of repetition in the Old Provençal lyric*. Thesis, Yale University, 1970.

SMYTHE, Barbara. *Trobador poets: selections from the poems of eight trobadors*. Cambridge: In parentheses, 2000.

SPINA, Segismundo. *A lírica trovadoresca*. São Paulo: Editora da USP, 1972.

______. *Na madrugada das formas poéticas*. 2.ed. São Paulo: Ateliê, 2002.

______. *Manual de versificação românica medieval*. São Paulo: Ateliê, 2003.

______. *A cultura literária medieval*. 3.ed. São Paulo: Ateliê, 2007.

______. *Do formalismo estético trovadoresco*. 2.ed. São Paulo: Ateliê, 2009.

VEIRIA, Yara Frateschi. *Poesia medieval: literatura portuguesa*. São Paulo: Global, 1987.

VIGNAU y BALLESTER, Pedro. *La lengua de los trovadores: estudios elementales sobre el lemosin-provenzal*. Madrid: Joaquin Muñoz, 1865.

VILLATORE, Fernando. *Transcanção: The Doors em análise, tradução e performance*. Curitiba: Appris, 2021

WELLS, Courtney J. *The troubadours and the crafting of literary authority*. Thesis, University of Dallas/Boston University, 2003/2005.

WERF, Hendrik van der; BOND, Gerald A. (text editor). *The extant troubadour melodies: transcriptions and essays for performers and scholars*. New York: edition by the author, 1984.

ZINGESSER, Eliza. *French troubadours: assimilating Occitan literature in northern France,1200-1400*. Thesis, Princeton University, 2012.

ZUMTHOR, Paul. *Essai de poétique médiévale*. Paris: Seuil, 1972.

______. *A letra e a voz: a "literatura" medieval*. Tradução de Amálio Pinheiro, Jerusa Pires Ferreira. São Paulo: Companhia das Letras, 1993.

Sites

Cantigas medievais galego-portuguesas. http://cantigas.fcsh.unl.pt/

DOC — *Dizionario di Occitano Medievale*. http://www.dizionariodoc.unisa.it:1288/index/index

LT — *Lecturae tropatorum*. http://www.lt.unina.it/

Performing trobar. https://web.stanford.edu/group/troubadours/cgi-bin/lyric7/content/about-performing-trobar-project

Rialto —Repertorio informatizzato dell'antica letteratura trobadorica e occitana. http://www.rialto.unina.it/

Álbuns

ARANDA, Mara. *Trobairitz*. Cidade: Galileo: Fürstenfeldbruck: 2009. CD (45 min.).

CAMERATA MEDITERRANEA. *Bernatz de Ventadorn: Le fou sur le pont – Chansons de Troubadours*. Paris: Erato: 1994. CD (64 min.).

DEMUSICA ENSEMBLE. *Minne, beguina, monjas y trobairitz: la mística cortés.* s.c: s.e: 2019. Apple Music (41 min.).

CLEMENCIC CONSORT. *Troubadours*. Arles: Harmonia Mundi: 1977. CD (6 1min.).

HESPÉRION XX. *Cansos des trobairitz*. Köln: EMI 1978. CD (50 min.).

LA NEF, La. *Trobairitz: Poèmes des femmes troubadours*. Montréal: Analekta: 2013. CD (58 min.).

MISTRAL, Céline; MATRAS, Carole & HURTADO-RÒS, Sandra. *Voix des femmes troubadours*. Montséret: Tróba-Vox: 2014. CD (61 min.).

ROSSIGNOL. *La domna ditz: Songs of the Trobairitz*. Ohio: Magnatune: 2010. Apple Music (48 min.).

SEQUENTIA. *Trouvères*. Freiburg: Harmonia Mundi: 1984. 2CDS (133 min).

________. *Dante and the troubadours*. Freiburg: Harmonia Mundi: 1995. CD (76 min).

TRONADISSA. *Les trobairitz*. Barcelona: Ventilador: 2010. Spotify (45 min.).

ZUCHETTO, Gérard et alii. *Tensons e partimens de Trobairitz* (Troubadours des XIIe et XIIIe siècles, Vol. 3). Genebra: VDE-Gallo: 2013. Apple Music (62 min.)

Trobairitz
Vozes femininas da poesia provençal

ORGANIZAÇÃO, TRADUÇÃO E NOTAS
Guilherme Gontijo Flores

EDIÇÃO
Júlia de Carvalho Hansen

REVISÃO DA TRADUÇÃO
Ana Cláudia Romano Ribeiro

REVISÃO
Breno Beneducci

PROJETO GRÁFICO
Luísa Rabello

PRODUÇÃO GRÁFICA
Clarice G Lacerda

Dados Internacionais de Catalogação na Publicação (CIP)
(Câmara Brasileira do Livro, SP, Brasil)

Trobairitz : vozes femininas da poesia provençal /
organização Guilherme Gontijo Flores ; revisão
da tradução Ana Cláudia Ribeiro. -- 1. ed. --
Belo Horizonte, MG : Chão da Feira, 2022.
ISBN 978-65-991448-4-4
1. Mulheres na literatura 2. Poesia provençal
I. Flores, Guilherme Gontijo. II. Ribeiro, Ana Cláudia.
22-128206 CDD-849
Índices para catálogo sistemático:
1. Poesia provençal 849

Aline Graziele Benitez - Bibliotecária - CRB-1/3129

Composto em Baskerville
Belo Horizonte, 2022

FSC
MISTO
Papel
FSC® C092828